幸福への原理

桐山靖雄

平河出版社

幸福への原理

――新観音経――

桐山靖雄著

観音慈恵会

この一冊が、あなたを凡べての不幸から遠ざけ、幸福なる運命にみちびく――。

避禍招福の觀音眞言

曩謨颯哆南三藐三勃陀倶胝南
怛姪他唵折戾主戾準胝娑婆訶

常に護持すれば一切もろもろの大難よくこの人をおかすことなし、天上及び人間福を受くること佛のごとく等し。この如意珠に遇わば定んで無等等の福を得ん。

――準提觀音經。

著　者　近　影

念　願

　われわれをとり巻く世相のきびしさ、けわしさ――、まことに、われわれは暴風に吹きさらされる一本の頼りない葦草（アシグサ）に過ぎぬと痛感されるのであります。

　このとき、願くば、観音の意志と力の光明があまねくこの国の全土に遍照して、この国土から一切の不幸、一切の暗黒面が消滅してしまうよう、そうして、この国に住む凡べての人が、この観音の智慧と力を身につけて、一切の災害から超越し、やがて、日本全土から凡べての不幸、苦しみが消え去つて、本当の平和に満ちた楽土日本が出現するよう、その日の一日も早く来らんことを心から祈念しその達成に微力を捧げることを幸福とし、使命として、一意念願するものであります。

合掌

はしがき

宗教とは一体なんであろうか？

私は、この本を手にした貴方に、先《ま》ず第一にそういう質問をしてみたいと考えるのです。貴方がすでに或る一つの宗教に入っておられようとも、或いはまたなんの宗教も持たずにおられようとも、或いはまた宗教というものの存在を否定されておられようとも、私は、兎《と》に角《かく》、

「貴方は、一体、宗教とはどういうものだと考えていますか？」

という質問をして、貴方が、宗教というものをどのように考えておられるか、そのお考えを聞いてみたいと思うのです。すべてはそれからだと思うのです。

何故ならば、宗教というものは、一口に宗教という言葉で云い表わされてはおるものの、云う人に依って実に様々な解釈や考え方をされておるのです。それは、決して、宗教を持

っている人、持たない人、或いは宗教を否定しようとする人、というように、それぞれの立場の相違から考え方が違うというのではなく、同じように宗教を持っておりながら、或いは、同じように宗教を持たないでおりながら、それぞれ宗教というものに対する考え方が違っておる場合が非常に多いのです。ですから、いま、私の話を聞いて頂くに当って、先ず最初に、その点をはっきりしておかねばならぬと考えるのです。

世の中には、往々にして、宗教というものは、死んだ人を祀《まつ》ったり拝んだりするものであると考えたり、或いは、科学的に存在を証明することが出来ない神さまというものをかつぎ出してきてアテにならない御利益を祈ったりする非合理的な、いわば迷信に凝ることであると考えたり、或いはまた、宗教とは精神修養の一種であって、どんな苦しい生活の中でも、精神的な安楽や慰め、自己満足を見出すことであるというように考えている人が非常に多いのであります。

もしも、貴方が、宗教をそのように考えておられるとしたら、それは間違いでありますから、訂正して頂かねばなりません。

宗教というものは、我々生きている人間がどのようにしたら幸福に生きて行かれるかということを目標に、人間の持つあらゆる条件と本質を探究し、解明して、その方法を把握し、確立したものであります。決して、死人を祀ったり拝んだりするためのものではなく、また、迷信的な神さまや仏さまに、つじつまの合わない金儲けや病気治し等の御利益をねだったりするものでもなく、まして、いくら病気が苦しくても、いくら生活が苦しくても、苦しいと思わずに楽だと思えば楽に思えて幸福になるなどと教える自己満足的な精神療法の手段でもありません。そういうものは、すべて「宗教らしいもの」ではありますけれども、本当の宗教ではないのです。

本当の宗教とは、現実的に、生きている我々に、幸福に生きるための方法と条件とを示すものでなければなりません。それが本当の宗教というものであることを先ず知って頂きたいと思うのです。

そうして、もしも貴方が一つの宗教に入っておられるのであったら、貴方のその宗教がこの基準にあてはまるものであるかどうかを考えて頂きたい。

また、もし、貴方がまだ宗教というものに入ったことがなく、宗教というものに触れたり、宗教というものを考えてみたことがなかったとしたら、これを機会に、宗教というものをひとつじっくり考えてみて頂きたい。

また、もし、貴方が、宗教を否定する考えを持っておられるのであったら、貴方は実際に自分の頭でもって宗教というものを考えてみたり、宗教というものを深く研究してみた上で、そうして宗教というものは人生に不要のものであると考えたり、そういうものはないと否定したりしているのであるかどうか、もう一度考えてみて頂きたい。人が、或いは、或る本が、宗教は迷信であると云うから、ろくに考えてもみずにただもうその意見をウ呑みにしていたり、宗教を肯定することは何か時代おくれの古い考えであるように考えて、兎に角一口に否定しさえすれば新しい近代的教養を持った人間のように見えるから、というような浅薄な考え方から否定の態度をとっているのではないか、もう一度考えてみて頂きたい。

そう、私は云いたいのです。

すべて、生命あるものには、常に自己を「より良い状態」に置こうとする現象が見られます。

これは、生命の本質であって、むしろ、「常に自己をより良い状態に置こうとする働き」そのものを、「生命」と呼ぶと云った方が適当かも知れません。が、兎に角、この働きは、生命あるものすべてに見られる現象で、人間のみならず、理性の存在が認められない鳥やけもの、昆虫の類に至るまで持っております。生命にこの働きがある故に、生命に持続と進化の現象が見られるのであって、つまり、この能力を最高度に発揮した生命体が、その種族に於ける最優秀者となって繁栄すると云えるわけであります。

生物界に於て、人間が霊長類という最優秀者として君臨するようになったのも、他の生物がただ本能的にのみしかこの能力を発揮することが出来なかったのに反して、人間は、その持つ知性と霊性によってこの能力を認識し、発展せしめて行ったからに外ありません。人間は、この生命現象が一つの法則によって成り立ち、一つの法則によって動いているということを発見しました。そうして、その法則の適用如何によって、人間の生命体は、或いは「良い幸いなる状態」を示し、或いは「不幸なる悪い状態」を呈することを知ったのです。

この「生命現象の法則」を知ることが、宗教というものの眼目であり、この「生命現象の法則」を生命の現象である我々の実生活上に適用してゆくのが「信仰」というものの実体なのであります。

哲学者エマースンは、人間の大多数は殆《ほとん》ど生存《リービング》しているのに過ぎない、われわれは生活《ライフ》をする人間とならねばならぬという意味のことを申しましたが、まことに我々はふり返って反省してみますと、ただ単なる生命現象として生存しておるのに過ぎないような生き方をしやすいのであります。

人間はなんのために生きているのか、生命とは何か、そういう人生の根本《こんぽん》も知らずして、ただその日その日を行きあたりばったりに生き存《なが》らえている——。しかもそれは明日の知れない、一寸先がどうなるかも分らぬ不安の生活である——。これでは、どこに人間の価値があるか、どこに人間の尊厳があるかと云いたくなりますね、ただ生きているというだけなら、犬だって猫だって生きておりますよ。

自己の生命を認識する——。人生に目覚めると云ってもいいでしょう。

それが宗教の眼目なのです。

宗教とか信仰というものが、決して現実逃避の気休め的のものではなく、また、現実を離れて霊魂とか死人の世界をほうこうして歩くものでもなく、我々が幸福に生きて行こうと望むかぎり、我々が自己の生命に忠実に真剣に生きようと考えるかぎり、必ず叩かねばならぬ門であるということを先ず念頭に入れて頂きたいと思うのです。

すべては先ずそれからでありましょう。

昭和三十一年十二月一日

桐山靖雄記す

幸福への原理

◆目次◆

教理篇——仏教的生命観

目次

原理篇——生命の本質

生命の始まりと終りの問題

人生とは何かと云うと、それは人間の生命の現われを云うものであり、その生命の現われている状態を指して、或いは「幸福」であると云い、或いは「不幸」であると云っておるのでありますから、宗教というものが人間の幸福を根本的に追求し確立しようとするものである以上、宗教が先ずその眼を「生命」に対して向けるのは当然のことでありましょう。

古来、多くの宗教が、生命の問題を解こうとするところから始まり、生命の本質を究《きわ》めようとするところから宗教が起こって今日に至っておるのは決して偶然ではないのでありまして、要するに、生命の本質をどう把《と》らえるかということによって色々な宗教が生じてくるのであります。

ところで、我々が生命に就《つ》いて考える場合、先ず問題となるのは、その発生と終滅の時期でありましょう。

即ち、通常、我々が生命の現象を見る場合、母胎から生れた瞬間に発生し、心臓が停止し、呼吸が止まった刹那に終了して、消滅するもののように観察されます。これは、百人が見て百人ともにそう見えることですから、それをそのまま受け入れて、生命は生れた時に発生し死と同時に消えてなくなるものであると決定してよいように思われるのですが、よく考えてみますと、強《あなが》ちそうとは断定出来ない事がらが色々と出てくるのであります。

先ず第一に、個々の生命に、それぞれ差別のあることであります。何が原因で、各個人個人に差別が生ずるのか、生命が初めて発生したその瞬間から、それぞれ差別された状態に置かれるという事実に対し、どう理由づけたらよいのか判断に迷うのであります。

例えば、或る生命は大金持の家庭に生れて何不自由ない生活をし、或る生命は貧困の家に生れて一生貧乏に苦しむというような、その差別の原因がどうして生ずるかということです。

それは生命の問題に関係あるものではなく、社会環境の問題であって、貧富の差の生ずるような社会機構に責任があるのだと説明する人がありますが、そういう答は、この問題に対する本質的な解答になっておりませんし、また、一歩譲って、社会機構が改革されれば生れる生命すべてが裕福な富んだ環境に生れるものとしましても、生命の差別の状態は、ただ単に貧富の問題のみに限ったものではなく、別な面に於ても如実に現われておるのであります。

それは、生命の「質《しつ》」に関する問題であります。

玉磨かざれば光なしと云いますけれども、路傍の石ころは幾ら磨いたところで光るものではなく、我々人間にも、生れながらにして才能の優劣、素質の有無、賢愚の差別のあることを否定出来ません。

また、差別の状態は、健康の上にも現われます。

生れながらに健康な生命もあれば、腺病質に生れつく者もあり、甚だしい場合には、五体に欠けるところを持って不具者として生れる者もあります。

何が故に、このように、生れる生命すべてに差別がつくのか、その説明に迷ってしまうのです。

生命の軌道は決まっている

更に、ここに、考えてみなければならない事実があるのです。

それは、生命の歩むべき将来の状態が生れた瞬間にすでに大体決定しているように見えることであります。

言葉を換えて云えば、その人の一生の運命は、生れた時から大体決まってしまっているように見えるのです。

これは、私の宿命透視に関するものでありますから、ここに持ち出すことは如何かと考えるのでありますが、この生命の差別の問題を考える時、これが私にとって重大な論点となるべきものなので、欠くことが出来ませんから敢《あえ》て記してみることに致します。大体、生命が現世だけのものではなく生命に過去未来のあることは仏教に於て釈尊が説かれ、未来のあることはキリスト教に於ても云うところであり、またその他の多くの宗教もこれと同様のことを説いておりますが、私は、決してそれらの宗教がそう説くから自分もまたそう信じ、そう人に説くというような態度は執《と》りたくないと思うのです。私は、若い頃、徹底した唯物論者でありましたので、宗教や信仰に関しても、自分自身が、なるほどとなっとく出来ぬかぎり、絶対に信じまいと決心しておったのです。いかに偉い坊さんの書いたことでも、どんなに優れた宗教家の云ったことでも、決して無条件には受け入れまいと心にきめておったのです。哲学者デカルトを見習ったわけではありませんが、兎に角、一応自分が心の底から頷《うなず》けるところまで考えてみる、すべては研究してみた上のこと——、そう考えておりました。勿論《もちろん》、頑固《がんこ》に心を閉ざしてなんでも否定したり批判のための批判をするというのではありません。謙虚《けんきょ》に受け入れはするけれども真実かどうかを一応追求してみなければ信じないという態度です。

そういうわけで、偉い釈尊の説かれたことではあるけれども、それだからと云ってそれを直ぐそのまま無条件に、人間の生命は、現世だけのものではなくて過去未来と続いているのだという、所謂《いわゆる》「生命三世論」を確信するわけには行かなかったのであります。

なるほど、理論的には間違いなくそれに違いないように思えるのでありますけれども、或いは、私の能力の及ばない処でこの理論を打ち破るような説明が為されるのではないかと思うと私自身はそう信ずるとしても他の人にまでそれを説くという確信は、心はばかられて能く為し得ないところでした。

ところが、その後、私が人の宿命を透視するという力を戴いた時、この問題について、はっきりした確信を持つことが出来るようになったのであります。

それは、私が人の宿命を透視した時、生れた瞬間にすでにその人のこれから歩むべき道すじ、人生が、大体決まってしまっているということを知ったことであります。と云うのは、私は数千人に上る少年少女、或いは嬰児《えいじ》の宿命を透視してきましたが、そのいずれもが、成年の男女と少しも変らぬ運命を明示しておるのです。

もっとも、私が如何に宿命を透視したと云いましても、客観的な裏づけがなくてはただ私の一人合点か、我田引水に過ぎぬと云われましょうから、ごく最近の実例を挙げてみますと、つい先月、静岡県の某氏から、生後二日目の男子の宿命透視を依頼されました。まだ名前もつけてないということで、出来たら良い名前をつけて欲しいとの希望でした。姓も、故意か偶然か記してなく、地方から手紙を以ての依頼でありますから、両親始め親族についても一切白紙での申込みでした。

私がこの嬰児を透視してみますと、頭部、殊《こと》に脳に非常に強い因縁（因縁という語については後に詳しく述べます）が感ぜられるので、更に追求してみますと、これはこの児の家に家系的に生じている因縁であって、ここ三、四代の中にも二、三人に現われている相当強度のものに透視されました。

そこで私は、ほかにも現われている色々な条件《データ》と照合してみて、次のように透視書を記したのです。

——六歳の秋から七歳の春にかけて病気に依る脳障害の恐れ、即ち、脳膜炎の危険がある。これを無事に過ごせば十六歳の春、頭部に負傷して生命にかかわる事故が起きる。更にこれを無事に過ごせば四十五歳の秋、脳溢血で倒れるであろう。即ち、この人の生涯の危機は三度あって、いずれも脳に現われる。但《ただ》し、このほかに、肉体障害の因縁が見え、それは十五、六歳の頃に生ずる動きを見せておるから、これが前記の十六歳の春の頭部負傷の因縁と結び合って命取りとなる恐れがあるゆえこの時期を最も注意されたい。この脳障害の因縁は、すでに当代の近親中に一人現われておる筈《はず》で、更に祖父母の代から算《かぞ》えるとその一人を合せて三人居る筈である。その内、一人は怪我、二人は脳溢血であろう——。

そう書いて送ってあげました。すると、その返事に、その嬰児の一人上の女児が、五歳の時に階段から落ちて頭を打ち、今八歳であるが智能が低くて就学出来ず、悩みの種になっておるから、その嬰児の因縁と一緒になんとかこの宿命を変えることが出来ないものか、とあり、尚《なお》嬰児の祖父に当る人とその妹が脳溢血で亡くなって居る、という手紙が来たのであります。この種のことは、他にも幾つも実例を挙げることが出来るのでありまして、これは、なにも私の宿命透視の力を云々《うんぬん》するのではなく、私が云いたいのは、生後二日目の嬰児に、すでにこれから歩むべき人生の道すじが、このように大体決定されてしまっているという事実を知って頂きたいのに外ならないのであります。

私が、今記した透視書は、肉体上のことだけですが、まだ、このほかにも、この嬰児の性格から、人生の起伏の状態までが大体決まってしまっておるのです。

環境が人生を造るのだという考え方がありますけれども、そうではなくて、これらの生れながらにして決定づけられた条件によっておのずから環境が造られ、一つの人生が生成されてゆくのだとしか思えないのであります。勿論、人生のすべてが悉《ことごと》くすでに決定されているというのではありません。けれども、人生の或る時期、時期に起こるべき現象が決定されておるということは全く疑うことの出来ない事実なのであります。

この現象は、一体どのように解釈したらよいのでありましょうか？

生れた時の生命の差別の状態は、これを「偶然」とか、或いは、父祖の造った環境の為すところであるとか云うことも出来ましょうが、生れながらにして人生の大半が形成されているということは、父祖の為した環境の所為にのみ帰すことは出来ますまい。

例えば、四十五歳の時に癌《がん》で死ぬという宿命を持つ人、Aが居ると仮定します。

癌で死ぬという事実は、これは一つの「結果」であります。この結果は、如何なる「原因」に依って招来されたものでありましょうか？　この人が癌になるという事実は、すでに生れた刹那に決定されてしまっておるのです。これが、生れた時に決定しているのでなかったら、それはこの人が生れてから四十五歳に発病する迄の間に癌が発生するような生活環境、生活態度を侵《おか》したのだと云ってしまえるでしょうが、（そうしてまた実際にこういう宿命を持った人はその宿命が表面に出るような生活を自然に執ってしまうのです。例えばこのAの場合には、酒を呑むとか不規則な食事をするとか、その生活すべてが何時の間にか胃癌を発生するような条件を悉く犯してしまうようになるのであります。そうしてやがて宿命通りに胃癌になると、人は、その結果からのみ見て、そのような生活だったから胃癌になったのだ、と解釈してしまう。実際は、そうではなく、そういう胃癌になるべき運命的因子《これを因縁と呼ぶ》があるとその因縁が表に現われるようすべての生命条件がその方向に動いて行ってしまうのであって、この原因と結果を逆にしてはならないのです。この点については後に重要な論旨となって現われますから、よく記憶しておいて欲しい）実際は、そうではなくして、生れた時にすでにそうなるべき因子《もと》を持って生れてきているのですから、これをどう考えたらよいのでありましょうか。

こういう場合、

「それは遺伝である」

という言葉で解決されてしまうのが常でありますが、「遺伝」という言葉だけでこの生命現象を根本的に解決したものと思っては間違いであります。

遺伝という言葉は、一連の生物的現象を一つの因果関係に基づいてとらえたものに過ぎないのであって、その生命が、如何なる原因によってそのような遺伝現象を現わす一連の環の中に生じてきたのであるか、という本質的に生命の立場から見た説明にはなっておらないのではありませんか。

癌の遺伝体質を持たぬ両親は、世界に何千万と居りましょう。然るにAの生命は、それらの遺伝体質を持たぬ両親の処に生ぜずして、選《よ》りに選ってその遺伝体質を持った両親のもとに生れて来なければならなかったということは、どこにその原因を求めたらよいのでありましょうか。

それは、親がその体質を持っていたというところに原因があると云うかも知れませんが、親と子とは云っても、生命そのものは全く別個のものであります。ですから、この場合も子の生命そのものの中に原因を見出さなければならない道理であります。

このような事実を考察して行くと、どうしても我々の生命は、現世に生ずるその以前にすでに一つの経過《プロセス》を経ているものと考えざるを得ないのであります。そうして、その過程に於て現世に起こるべき原因が為されておるものと解釈せざるを得ないのであります。

即ち、釈尊の説かれた「生命三世論」が正しいものであると是認するよりほかなくなってくるのであります。

釈尊は、「生命三世論」に於て、現在人間として生きている者が過去に於ても人間として生きていた時期があったと説くのであります。即ち、現在ある生命現象は、過去のある時代に於てやはり一つの生命の現象を現わしており、将来もまた同じように生じてくると考えるのであります。

私は、屢々《しばしば》、我々のこういう生命現象を、一巻の映画のフィルムにたとえて考えてみるのであります。

我々の生命現象を、現世にだけ限って見ることは、それは丁度、前から引きつづいている映画のフィルムを、途中から突然に映写して見ているようなものです。三分の一なり、或いは半分なり済んでしまっている劇映画を見た場合、我々は、画面の人物たちの背景や行為を理解するのに甚だ困難を感じます。けれども、一番最初から見ている人ならば、そこでその人物が何故に苦しい目に合うのか、何故にそこで殺されねばならないのか、或いはまた、そこでどうしてそのような幸福を克《か》ち得たのか、よく、なっとくが行くでしょう。

我々の生命現象も、それと同じことで、前から引き続いてきている生命の活動を、現世だけという途中から見る故に、そこでその生命がそのような出来事に何故出会うのであるか、理解することが出来ないのであります。それ以前の状態を見ておれば、必ず、その出来事の原因となるべきものを発見しておるのに違いありません。

要するに、我々の生命に於て、現世の誕生は決して初めての出発《スタート》ではなくして、生命の経過に於ける一つの段階の現われに過ぎないのだということを悟らねばならないのであります。

胎児は前世の経験を繰り返す

我々の現世の誕生は、それ以前の生命に引きつづいての現われであるから、誕生の時に、すでにそれまでの現われの結果を受けて現われる——、これが各生命ごとに差別の状態を持って現われる原因であると考えるのでありますが、これは、生物学の立場から云っても、我々は、前世の経験というものを、精神的な面のみならず、肉体的な面にも体験してこの世に現われてくるのであります。

即ち、我々は、この世に現われるべく母の胎内に宿ったとき、母の胎内に於て、自分の生命がそれまでたどった経験をもう一度繰り返して経験するのであります。

これは、生物学上、「個体発生《あかんぼう》は系統発生《どうぶつじだい》のあとをたどる」と云われるもので、人間は、人間の発生当時から現在の自分に至るまでの形態を、母胎内に於て執るのであります。即ち、魚、いもり、亀、兎、猿というように、人間の進化経路と同じ格好を、次々と現わすのです。

母の胎内に発生して三、四週間目には、人間の軀《からだ》は明らかに魚の形をしております。その尾は魚のような平たい尾を持っており、喉には鰓《えら》の穴のような四対の裂け目が生じ、血管もまた魚の通りに配置されています。心臓も現在の我々が持っているような左右両室に分れた上等のものではなくて、魚と同じような単ポンプ式のものであります。

ところが二カ月経つと、鰓も心臓も尾もすっかりなくなって、哺乳類のものに変ってきて、この時期には、人間も、牛も、犬も、豚も、区別がつかぬ程よく似ております。

六カ月経つと、猿と同じになってきて、足など、猿のように物を捉《つか》みやすい構造になっています。が、これは間もなく変化して、人間の足の形をしてきます。そして七カ月の半ば頃から、人間は人間独自の形態《スタイル》を示してきて、人間に最も近い猿ともはっきり違った形を表わしてきます。はっきり、人間の段階に入ったわけであります。

このように、人間は、十カ月間の胎生時代に何億年もの歴史を繰り返すのでありますが、

動物の胎児

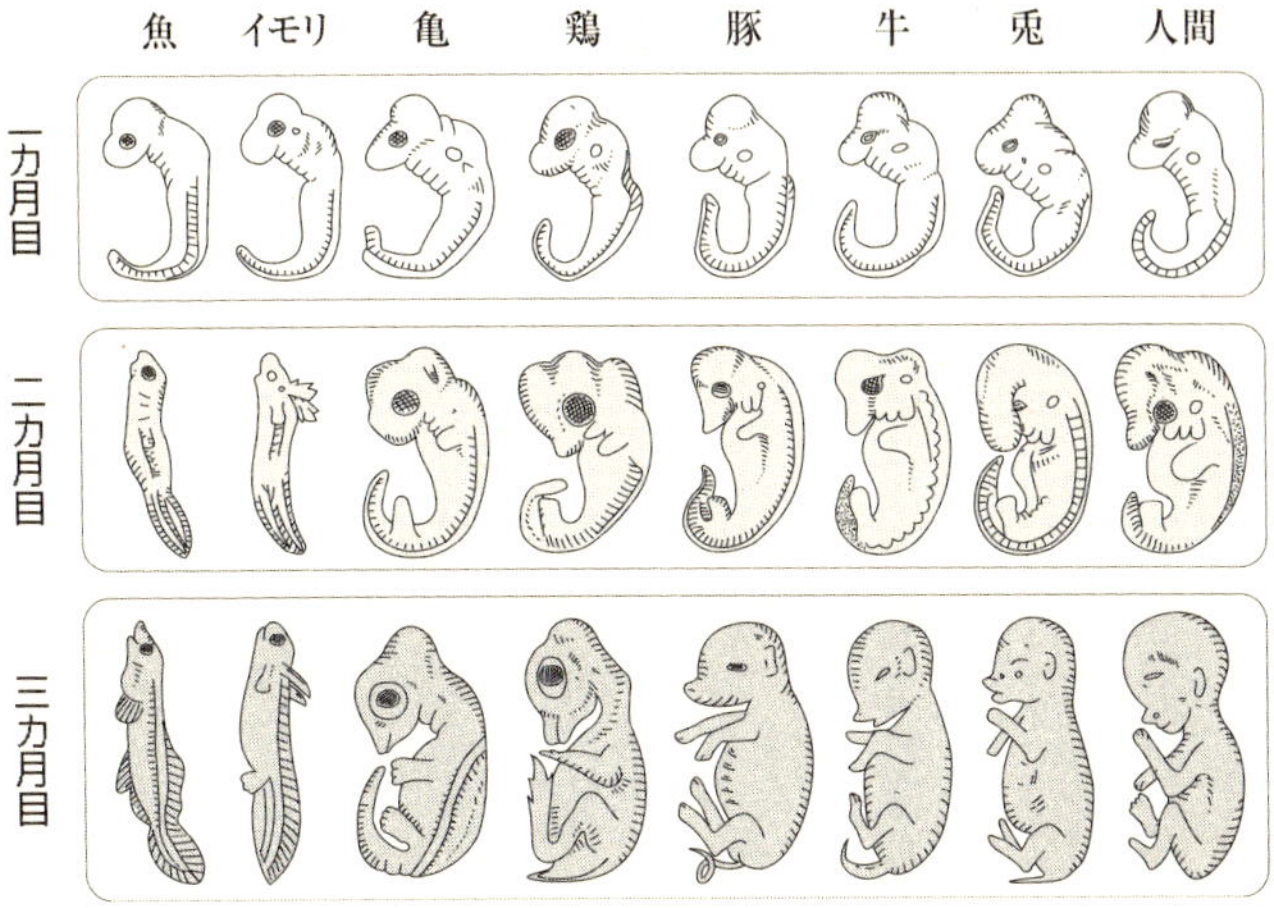

これは、ただ単に、形の上のみ反覆を示すのではなくて、意識もまた、その形と同じ時代の記憶をたどっておるのであります。即ち、魚と同じ形をしている時、生命は、魚の時代であった時の記憶を呼び起こし、猿と同じ形を示している時、生命は、猿の時代であった時の記憶をたどっておるのであります。このようにして、その生命が生きていた当時の状態と条件をたどりながら、再びこの世に現われる準備をしておるのであります。（こう云うと、何億年もの間の出来事を僅《わず》か十カ月間に経験する事は不可能であると云う人があるかも知れませんが、時間というものは生物の感覚器官と相対的な関係にあるものでありまして、その感覚器官が違った次元《世界》に

在る場合、時間のスピードは全く違った展開を示します。我々が僅か五、六分のうたた寝の間に、数日間にわたる出来事の夢をみたりする経験が、この一端を示しておりましょう。たとえ話ではありますが、盧生が志を立てて都へ上る途中、粟飯が炊きあがる間の僅かな時間に、六十年一生涯にわたる人生の出来事を夢みて人生の悟りを得た、という物語などその好例でありましょう）

さて、ところで、母胎内に於ける生命のこの経験は、明らかに我々の生命が過去から引きつづいての現われであることを示すものと云わねばなりません。

それも、世間一般に考えられるように、単に親から子へと生殖分裂してゆくという過程の上で生きつづけるというのではなく、その生命自体の生命持続と見るべきであります。遙かな先祖からの経験をその受けついだ細胞記憶の上でたどっているのではなく、それはやはり自分自身の経験をたどっているものと見るべきであります。

種族としての一般的な系統記憶をたどっているのではなくて、その生命自体の個体経験としての記憶をたどっているのであります。だからこそ、生れ出たばかりの生命に、精神的肉体的差別（個性）が生じておるのであります。

こころとからだの問題

人間の胎児が前記のような過程を経て成長して行くものであるとして、今度は人間の肉体と生命との問題を考えてみたいと思います。

人間の生命は、意識《こころ》と躯《からだ》を、属性として必ず具えております。仏教では、色《しき》（物質）心《しん》（意識）という言葉を用いますが、ともに生命の属性でありまして、生命から切り離せないものです。

さて、人間の躯は、見る通り物質で出来ております。ですから、一応、物質世界を研究する「物理学」でもって追及してみましょう。

我々の周囲は、色々な物質で出来あがっておりますが、その物質は何によって出来ているかというと「原子」によって構成されております。それでは、原子は何から出来ているかというと、それは原子核（陽子と中性子）と電子、一般的に云って広い意味の電子から出来ておるのでありますが、然らばその電子は何から出来ているかというと、それは、光と同じように一つの波動《なみ》であるということになっています。波動と考えられていた光が粒子でもあるように、粒子と考えられてきた電子も、光と同じように波動でもあります。これは、電子線のフルネル干渉縞の写真を見れば分る通りであります。

ところで原子や光や電気が波動であるとすれば、それは一体なんの波動であるのかということになりますが、それは、空間であるということになります。なんという奇妙なことでありましょうか。我々は、物質というものは、堅い固形のものであると考えております。然るに、物理学者は、物質とは空間、すなわち無の波動であると考えるのであります。何もない空間の波動がわれわれに物質と感ぜられるのだと云うのです。

「物質とは無の幽霊にほかならぬ」（バートランド・ラッセル『科学の展望』）ということになり、唯物論は近代物理学によって崩壊されたという奇妙なことになってしまったのであります。だから唯物論は自殺したと云われるのですが、しかし、この空間を、「絶対無の、からっぽの空間」とは考えない物理学者も居るのです。すなわち、宇宙の空間は、絶対無の虚無ではなくて、物質に似た或るものによって満たされていると考えるのです。

と云うのは、例えば宇宙には無数の星体が規則正しく運行しており、これは、星と星との間の引力の作用によるものであることは分っておりますが、ここで問題になるのは、星と星との間の空間が絶対に何もない虚無であるならば、例えば、太陽の引力を地球に伝える手段がないから引力は伝わることが出来ない筈です。だから、宇宙の空間には引力を伝える何かの媒体が存在していなければならぬということになるわけです。

そうしてそれは引力だけではなく、光も電磁場も、同様にこうした物理的媒体の存在を想定しなければ、無の中を光波が伝わったり、無の中に電場や磁場の性質が出来ると考えることは出来ません。

そこで、一部の物理学者は、この空間は、エーテルという物質に似たものによって満たされていると考えるのです。

アインシュタインも『相対性原理の側面』に於て次のように述べております。

「エーテルを否定すると、空虚の空間が、何等の物理的性質を持たないということになる。しかし、力学の根本的事実はこの見解と調和しない。

相対性原理によれば、空間は物理的性質を持っている。であるが故にエーテルは存在する。相対性原理によれば、エーテルを有さない空間は考えられない。なんとなれば、そのような空間に於ては光の放射が有り得ない。のみならず、空間と時間との標準が成り立たないからである。

しかしながら、このエーテルは重量を持った媒体としての特性を持っているとは考えられない」

——結局、物質世界はエーテルの波動によって成り立ち、すべての物質は、エーテルの波動であるということになるのであります。従って、我々の肉体もまたエーテルの波動であるということになるのですが、次にこのエーテルというものの性質の概略を挙げてみましょう。

一、エーテルというものは無限の空間に拡がって宇宙を結んでいると共に、我々の周囲の物質の原子をも結合している媒体である。だからエーテルは、連続体（continuum）とも呼ばれるのである。

二、それは見ることも出来ないし、触知することもまた聞くことも出来ない。しかし、物体を熱するとエーテルは振動しそのために光を放つ、その光を我々の目が感ずることは出来る。

三、原子も電子も磁気もエーテルの特殊な波動である。だからこれらのものはエーテルから出来ており、またエーテルに還る。

四、物が物としての形をとるのは、エーテルを媒体とする凝集力のためである。また天体が一定の軌道を運行するのもエーテルを媒体とする引力の作用である。

五、だからエーテルは宇宙のあらゆるものを結合し統一している媒体である。
六、物理学上、人間の肉体にも、その原形となるエーテル体というものが存在する。
大体、以上のようになります。

もっとも、最近、物質非連続説によって、エーテルの存在を否定する論も現われてきております。そして空間は全くの「空」であり、その「空」の中に「不可知のエネルギー」があって、そのエネルギーが色々の物質を生ぜしめるのである、というように考え、いわゆる「場」の観念が出てきたのでありますが、これは、結局同じことで、エーテルを否定して、代りにエネルギーの場という考え方に変っただけであります。（もちろん空間媒体を考える上に於ては違いがありますが、本論の論旨の上では同じことです）。ですから、ここでは、一応、エーテルという名称でお話ししておきます。だから、この場合、エーテルはエネルギー源泉としての空間というように考えて下されば宜《よろ》しい。

要するに、物質はエーテルの波動であり、エーテルの凝集したものと考えられます。そうして、この物質は、種々のエネルギーに変ってまた元のエーテルに還元《もど》ってゆくのであります。あらゆる物質は、丁度ラジウムやウラニウム等のように常温においても絶えず輻射していますが、あらゆる輻射は原子が緩慢に崩壊して、エーテル波となることを意味するものでありますから、エーテルはエネルギーの貯蔵所のようなものに考えられます。無数の星も熱と光を放って老衰してゆきますが、そのエネルギーも宇宙のエネルギーの貯蔵所たるエーテルの中に吸収されてゆくわけです。こうしてエーテルは熱や光や電波として放出されるエネルギーを受け取って運ぶと同時にそれらのエネルギーの貯蔵所であり、力の源泉ということになります。

さて、ところで、問題は、あらゆる物質の統一作用をなすエーテルが、生物に対してはどのような働きをなすかということであります。

あらゆる生物は、その個性を表現する形を作ってゆきます。犬は犬としての形態を持ち、人間は人間としての形態を持ちます。同じ食物をとっても同じ栄養分でありながら、その食物は犬によれば犬の肉体を形成してゆき、人間によれば人間の軀をつくってゆく。この形態の生成というものはどのように考えたらよいのでありましょうか。

勿論、人間の軀が物質によって成り立っている以上、エーテルの作用を認めなければなりますまい。けれども、色々な現象から考えて、このエーテルは他の純粋物質に変化しているエーテルに比べて可成り違う性質を備えているので、「生命エーテル」とも呼ぶべきエーテル体であると考えます。それは物質エーテルが物質界に於て、電磁気や光やX線や引力等に変化しているように生命的に変化したものでありますから、このように呼ぶわけですが、この生命エーテルが他のエーテルと違う点は、意識現象《こころ》を伴う点にあります。そうして、生命エーテルは、この意識現象を伴うと同時に、この意識現象を通じて物質を動かしておるように考えられます。

即ち、物質は生命エーテルに支配されることによって有機体《いきたからだ》となるのです。つまり、この生命エーテルの作用によって物質は有機体となるわけですが、しかし、有機体の一部になっても物質そのものは別に変化しておりません。だから、物質の変化によって肉体が出来たわけではなく、生命エーテルの凝集力によって肉体の形成に参加したのに過ぎないのです。例えば外界の燐も体内の燐も同じもので、これが体内組織の一部になったからと云って生きた燐となるわけではなく、ただ生命エーテルの作用下に入ると、その作用によって、意識のままに動いて結合したり解体したりする。それで同じ燐でも生きた燐のように見えるだけなのです。

そういうわけで、軀の形を作っているのは生命エーテルであって、物質は、いわばこれの作用によって寄り集まっているだけです。いや、正確に云うと、生命エーテルに支えられているわけで、それは丁度エーテルに支えられて物体の結晶《かたち》が現われたり、テーブルの形が出来たり、また太陽系の組織が出来ているのと変りはありません。

つまり、科学的に云うなれば、この場合、生命エーテルは力の場《フィールド》を作っているわけです。（意識もまたこの生命エーテルの作用を受けますが、人間の中には特殊な練磨でこの意識作用を強力にし、逆にこの生命エーテルを動かす力を持つようになる人があります。これが、いわゆる霊力があるといわれる人たちです）

さて、これからが重要なことになりますが、いま、力の場《フィールド》という言葉が出ましたけれども問題を一番前に戻して人間の肉体形成についての問題であります。

我々が、例えば負傷をした時に、どうして指紋に至るまで元通りの固有の形をとろうとするのであるか、我々の肉体細胞は日々変化更新していて、一、二年も経てば全く前の肉体と違っておりますが、やはりその人独自の形態に変りはありません。これは何故か。

それは、生命エーテルはそれぞれに固有の形をした生命エーテルの原型を持っていると考えるよりほかないのです。いや、生命エーテルはそれぞれ固有の形をとって現われてゆくと考えるべきでしょう。これが力の場として支えているからであると考えるよりほかないのです。そしてこの原型が固有の型をとるというのは、この原型をなしている生命エーテルが長い進化の歴史を通ってきて固有の型を印象してきたわけで、その故に、つまり個性を持っているわけであります。

このような事実によって考えてみますと、生命の発生（この世界の）と同時にその生命のたどるべきコース、その生命がこれから受けるべき諸々の条件等が大体決定しておるのも決して偶然ではないのだと考えられます。

エーテルは宇宙間のどんな些細な物質的な動きもその波動として永遠に記録してゆきますが、生命エーテルもまたその生命のどんな動きをも波動として記録し、その波動の積み重なりが個性ある原型となって我々に現われるわけで、前章の、母胎内に於ける胎児の前世経験も、要するにこのエーテル体としての原型が、現世の肉体形成を行っているのであって、つまり、エーテル波動が、エネルギーの場を構成しているのだということが出来ましょう。

生命の発生と進化

人間の生命は、その現われである我々個人が現在そうしているように、絶えず現在を越えて未来の目的に向って動いておるように見られます。

絶えざる衝動に動かされて、より良き状態を求めて未来を追求しています。生命進化の歴史を調べてみるとき、このような「目的追求」をはっきり見ることが出来るのでありまして、このような目的を無視して生命進化の歴史を機械論で解こうとすると、生物学上のすべての根本問題は、謎また謎の迷路に迷うか、自家撞着の壁に突き当ってしまいます。これは生命自体の持つ妙なる力の現われと云うよりほかありませんが、それでは、その生命というものは、生物進化の歴史が示すごとく、この地球に、アメーバーが発生した際に、初めて、アメーバーとして生命が生み出されたものと考えるべきでありましょうか。

だが、生物学的に生命を見るならば、この世界に生命が発生するということは考えられないことなのです。如何なる生命といえども、摂氏一四〇度以上の高熱に堪えて生存してゆくことは不可能であって、試験管を一四〇度以上に熱して密閉した場合、その試験管の中には、一匹のヴィールスをも含めた如何なる生命も存在しておりません。

地球創成の時代、この地球は摂氏何十万度という赤熱状態であって、それは到底、高温殺菌した試験管などの比ではありません。

ところが、そのような状態であった地球に、今見るような生命が出現したのであります。

この事実は、生命の現象を、ともすると、この世界（地球）にのみ限定して考えようとする我々の考えに一考を促すものと思わねばなりません。

即ち、生命の現象が地球にのみ現われ、地球にのみ存在すると考えたり、或いは、地球に於てしか発生しないなどと考えたりするような愚かな態度を改むるべく示唆するものであります。そういう考え方は、地球というものが、宇宙の中に在って宇宙を構成している一分子であり、決して地球単独に存在しているものではないということを忘れた、あまりにも視野の小さな考え方であると申さねばなりません。地球は決して単独に存在しているものではなくて、他にも無数の世界が存在していることを憶い出さねばなりません。我々の銀河系は、あの大きな太陽を一千億も持った宇宙でありますが、この宇宙の外にも別の宇宙があり、銀河系があると云います。ケンブリッジ天文台長エディントンの計算によれば、大宇宙には数十億以上の銀河系があると云うのです。それは、数十億以上の宇宙が存在するということで、全く宇宙の大きさというものは我々の頭脳では想像するさえ困難なことでありますが、ここで考えなければならぬことは、この無限の彼方に輝いている無数の太陽も、我々の直ぐ周囲にある様々な物質も、同じ元素から出来ていて、しかも同じ物理化学の原則に支配されているという事実です。同じものから出来ていて、しかも同じ法則でむすばれているということは、宇宙が一つのものであるということを示すものではないでしょうか。

原子の世界と天体の世界とは非常によく似ています。例えば、原子の構造と太陽系の構造は相似形をなしています。外観が似ているだけではなく、原子核の質量が原子全体の質量の九九・九七パーセントであって、太陽の質量が太陽系全体の九九・九八パーセントであるのと不思議に合致しており、更に不思議なことは、「電子間の距離と電子の直径の比率」は、太陽系の「遊星間距離と遊星の直径の比率」と大体同じ倍率であることでありま す。又、原子核と電子の間の引力も、太陽と遊星間に於けると同様に距離の自乗に反比例するのであります。

物質の極微のものと巨大な天体とが、形だけでなくこのように数学的な比率を同じくしているということは、宇宙のすべてが一つの法則によって成り立っている一つのものであって、切り離しては考えられないものであると思わねばなりません。然るに、それらの多数の世界には絶対に生命現象があることなく、地球にのみ生命現象があると考えるのは、あまりにも自己中心的、近視眼的考え方ではありませんか。生命の問題のみは宇宙から切り離して地球にのみ限って考えるのは、不合理な考え方であると申さねばなりません。

木星型生命

例えば近頃、「木星型生命」ということが一部で云われております。

木星は、地球を千三百個も集めた位の大きな遊星でありますが、この星は太陽から遠く離れているため表面の温度も低く、氷点下一四〇度ぐらいだと考えられています。その大気圏は、水素、アンモニアガス、メタンなどから出来ており、これまでの常識から云えば、こういう星には絶対に生命の存在などは考えることが出来なかったのです。

けれども、この常識は地球人の持つ常識であって、いわば、生命というものを地球の生命だけから考えている狭い見地のものに過ぎません。太陽系の遊星を考えてみると、地球、火星、金星、水星など、いわゆる地球型遊星はむしろ少く、木星、土星、天王星、海王星などのような木星型遊星と呼ばれる巨大な遊星の方が、多数であり、むしろ普通の存在形式として考えねばならぬようにさえ思われるのです。そうなると、生命が地球型遊星にのみ発生し、存在しなければならぬという理由は何一つないのであって、そう考えるのは地球の生命だけを絶対のものと思い誤っているのだと云われても仕方がないものになってくるのです。

木星にはメタンの海の存在が考えられますが、このことは、地球型の生命とは全く別な型の生命の発生する母胎があることを示唆するものとみてよいでしょう。この星に若《も》し弗素《フッソ》が存在するならば、これはあらゆる物質の中で最も反応性の強いものでありますから、このような低温の世界でも、弗素は地球上の酸素と同じ役目を果すかも知れないと考えられます。つまり地球の生命とは別種の生命の発生することが可能であると考えられるのです。メタンの海で生れ、弗素を呼吸し、アンモニアを媒体とした特殊な栄養物をとるような生命の存在を想定することが出来るのであって、これを「木星型生命」と呼ぶのです。これは勿論、地球型生命とは全く別な系統に属するものでありますが、生命であることには間違いありません。エネルギーの根源があり、適当な食物さえあれば、環境がどのようなものであろうとも生命は生きてゆくことが出来るのです。

これは勿論想像に過ぎませんが、生命の問題を地球にのみ限って考えることの愚劣さを云いたいのです。

この広い宇宙を一応銀河系宇宙だけに限って考えてみましても、銀河系宇宙は直径が十万光年（秒速三十万キロメートルの光が一年の間に走る距離が一光年）の大きさですが、この中に約一千億の太陽と同じような恒星が含まれており、最近、それらの恒星の内の幾つかは我々の住む太陽系と同じように、遊星を伴っているものであることが判ってきたのであります。

従来は、銀河系宇宙の中で遊星系を持っている恒星は十箇くらいではないかという計算を立てていました。そんな僅かな数だとすると、たとえ「木星型生命」を考えても、地球外の生命はその種類が非常に少いことになってしまいます。人類のような高等な知能を持った生命は先ず人類が唯一の存在ということになってしまう。人類は宇宙の中でたぐいまれな存在ということになってしまいます。

昔、人間は神の恵みを一身に受け、宇宙の中心に存在するものと考えられており、太陽も月も、大地を中心にめぐるものであると思われていました。即ち人間中心の考え方です。キリスト教、及びその他の、人間及び万象は神の造り給いしもの、人間は神の恩ちょうを一身に集めたるものという、天地創造の造物主ありという考え方、人間の幸、不幸はこの神の愛と罰によるものであるという考え方は、この時代までのものであります。ところがその後、天動説は地動説に変り、更にその後、銀河系宇宙が明らかにされるに至りました。然しその時にも太陽はこの宇宙の中心に近いと考えられていたのですが、これも現在ではこの宇宙の中心からはかなり離れたところに存在することが判ってきました。太陽は銀河系宇宙の片すみの存在であることが判ってきたのであります。

この点だけでも、地球を中心に考えることの愚かさを悟らなければならぬのですが、更に最近、一千億の恒星の内の相当数が遊星を伴っていることが明らかにされたのであります。

一九四三年、アメリカで二つの恒星に遊星らしい天体の存することが観測されました。一つは白鳥座の六十一番星で、この星は連星でありますが、その運動から、この星には木星の約十九倍の大きさの遊星が伴っていることが確かめられたのです。二つの太陽が、お互いにお互いの周りを回転しているが、その二つの太陽の周りを遊星が廻っているのです。そうして、この遊星は必ずしも一つしか存在していないとは限らないのであって、もっと小さい幾つかの遊星が存在するのかも知れません。太陽系の場合とはかなりの相違はありますが、しかし遊星を持つ恒星の発見としてはまさに画期的なものであります。しかもその後、ひきつづいて遊星を持つ可能性のある恒星が幾つか発見されたのです。そうして、白鳥座の六十一番星は、太陽から十一・一光年しか離れていないのでありまして、十万光年の拡がりを持つ銀河系宇宙の中では、つい目と鼻といってよい位の距離であります。

この星だけでなく他にもその可能性のある星が数箇あるとすると、確率の点から云えば、遊星を伴う星が意外に多いものと推定されるのです。大体、いまのところ十パーセントの恒星に遊星が存在すると見なされております。

さてこうして百億の恒星に遊星が伴われているということになったら、生命についての見方は全く根本的に変えざるを得ないことになります。それらの遊星の中には地球と非常に似た条件のものの存在することは最早や否定することは出来ません。これは、太陽に似た恒星が非常に多数存在していることからも間接的に云えることであります。このことは、仮りに、宇宙に於ける生命が人類のような型にだけ限られているとしても、人類の生存を許す環境と同じ条件を持った遊星が無数に在ることを意味するものでありますから、この場合「木星型生命」という考えを持ってくるならば、恐らく殆どすべての遊星に生命の存在が考えられるのであります。まあ、それほど極端でなくとも、銀河系宇宙の遊星には、非常に多くの生命の存在していることは疑えないのであります。宇宙には生命が満ちあふれていると云っても決して過言ではなく、ここに於て、我々は、宇宙自体が一つの巨大な生命体であることに気がつかねばならぬのです。

宇宙は、無限に近い大きさを持ちながら、光の速度に近い速さで膨張しつつあるといいますが、これは、たえず進化し成長しつつあるということであって、この宇宙の持つエネルギーこそが、生命と名づけるものの原体であるということを知らねばなりません。宇宙自体が生命体なのであります。

そうして、この宇宙の持つ生命エネルギーは宇宙に存在するあらゆる星体に存在しており、この生命エネルギーの発生する条件さえ具われはそこに直ちに生命の出現を見るのであります。

そうして、それは勿論、前にも云った通り、その条件の如何によって生命の現われの状態もまた違います。

生命は至るところに存在する

すべての生命が地球上の形態をとるとばかりは限らず、人間のみが完全最高の生命形態であると考えることの間違いであることは前記の通りでありまして、人間以下の生命形態もあれば人間以上の生命形態も考えなければなりません。また同時に、人間以下の生命状態が次第に進化を重ねて人間となり、それから更に人間以上の生命形態に発展しつつあるということも考えねばなりません。そうして、この場合、一つの星体（例えば地球）に於てのみこの進化発展がなされるとは限っておらぬのであって、一つの星体から他の星体へとその進化発展の度合いにつれて移ってゆくことも考え得ることであります。

ごく最近の天文学者の発表によれば、宇宙の天体間に、極微粒子の生命体と思われる存在があって或る種の光線に乗って飛翔する現象が見られるということを聞きましたが、当然考えられることであります。

つまり、いま在る人間生命は、地球上に、地球の条件に従って現われる以前、他の星体に存在しておったのであって、それが地球上に現われるべき進化の段階に到達したので地球上に現われ、地球上に於て進化を開始したとも考えられるのです。また、何億年、何十億年の昔、他の天体に於て人間生命が繁栄しておったということも考えられますし、実際、ニイチェなどはそれに近い考え方をしておるのであります。

また、他の星体という言葉を、「他の階層」という言葉で現わすことも出来ましょう。我々の周囲は、我々の眼から眺めると、すべて「平面的な展開」をなしておるように見えますけれども、よく観察してみるならば、それは、色々と質の異なったものが層をなして存在しているのであって「宇宙は質的な階層（世界）をなしている」ということになるのであります。

例えば、我々は耳という器官を以て音を聞いて認識するのでありますが、我々の耳は、あまりに早過ぎる振動の音は聞こえないし、また遅過ぎる振動の音も聞こえません。目にしても、振動の早過ぎる紫外線は見えないし、遅過ぎる赤外線でも見えません。その間のごく幅のせまい中間地帯だけが感受出来るだけであります。そのように、すべて人間感覚は強過ぎる刺戟に対しては、敏感過ぎて受けつけられず、また、弱過ぎる刺戟には鈍感過ぎてキャッチ出来ないのです。(しかも、この、強過ぎる弱過ぎるということ自体、人間を中心にした自己本位的な標準であることを忘れてはなりません)

ところで、紫外線のような素早い振動数を持った軀《からだ》の生物を仮想してみると、彼らは、我々の五感よりも鋭敏な感覚を持っており、また、赤外線的なゆっくりした振動数の軀を持った感覚鈍重な生物を考えてみますと、丁度、人間が彼らを感知出来ないように、彼らもまた人間の存在を感知出来ないことでしょう。こういう風に、質的に違った世界に住んでいるものは、同時に同じ空間に住んでいても他の世界の存在を感覚しないから、感覚的には(推理は別として)一応、そういう別な世界は存在しないと思いこんでしまい勝ちであります。しかし、そういう現在の我々に感知出来ない世界に実際に生命が存在するかどうかは別として、そういう世界の存在そのものは、物理学上からも当然考えられるのでありまして、このことからして、この宇宙には色々な世界があり、我々の生命というものは、この色々な次元の世界、種々の質的な段階の世界を通過しながら無限の時空を進化してゆくのであると考えられるのです。そうして、その場合、その段階の質に応じた軀を持つのは当然のことでありましょう。

輪廻《りんね》は進化の過程である

さて、このようにしてこの世界（地球）に現われた生命は、勿論、現象的にはこの世界の物理的条件に従い、進化論的に発展してゆきます。そうして、休息（死）活動（生）休息（死）活動（生）を繰り返して進化をつづけ、何十億年かの進化の後、この世界は、人間世界と呼ばるべき段階に到達したのです。

この世界に於ける生命の最高段階は人間であって、この人間としての最高の進化段階に達した人間は、各個にこの世界（階層）を離れて、他の世界の、人間形態以上の高い生命形態を持つ次元に生じてゆくのであります。

この点について、哲学者カントの言葉を思い出さずにはおれません。

「人間の持っている願望と、天性は、この地上生活に於ける必要を遥かに超えた高いものである。それは地上生活の必要と比べてみて、全く均衡がとれていない。

だが、自然の持つその手段と目的とには、いつでも均衡のとれていない不必要なものは全くないところから考えると、人間の持つこれらの能力と願いとが、死後に於て充分活用される時期があると結論せざるを得ないのである――」

カントのこの言葉の中の「地上生活」という言葉を、「この世界」という言葉に置き換え、「死後」という言葉を「人間以上の生命形態」という言葉に直して考えてみれば、尚よく判るのであります。実際に、我々は、この世界にのみ生きてゆくのには必要以上の能力と理想をもって生活しております。それは寧《むし》ろムジュンを感じさせる程のものでありますが、しかし少くとも、我々はその理想を価値あるものと認めております。このことはカントが考えた通り、それらの能力と願望、理想が将来、もっと完成された形で必要とされる時期を予想させるものであります。

ただ、カントは、その時期を死後直ちに来るものと考えましたが、実際はそうではなく、これらの理想、能力が或る一定のレベルに到達するまでは、進化の段階を経て完成されなければならないのであって、その点、カントより、後に説明する通り、釈迦の方がより本質的にとらえておるのであります。

即ち、人間形態にまでは到達したけれども、未だその最高の段階にまでは達しない人間は、その段階に達するまで、その生命は、何回でも、休息（死）しては現われ（生）、休息（死）しては現われ（生）て、その進化現象を続けなければならないのであります。

そうして、この世界に出現するに際して、その生命は母の胎内に於てそれまでに経験してきた進化の歴史を繰り返し、その生命の宿る個体に、これからたどるべき進化の基礎を形成するのです。出産と同時に、すでに肉体上の差別、才能、精神上の差別が生じているのは、この理由から当然のことと云えるわけであります。（境遇上の差別の理由は後章に説く）

これらの母胎内に於ける記憶は、又産時のショックによって、出産と同時に表面意識から姿を消し、潜在意識の奥深い層に入って、そこで活動をつづけます。我々が生れながらにして、その生きて行く上に必要な色々の知識や条件を、一々教えられなくとも、知っていたり、或いは教えられたことを速やかに理解して行動に移す能力を具えているのは、潜在意識がこのようにして過去の経験の記憶を持っているからであります。我々は、時折、神童とか天才と呼ばれる幼少にして特種な能力を発揮する人々を見ることがありますが、それは過去の能力がそのまま現われているのでありますし、頭の良くない者、劣等者なども、過去に於ける努力と能力の不足がそのまま現われておるのであります。

釈尊の六道輪廻説（後章に詳しく説明致しますが、要するに低級な人間は何度も何度も人間に生れ変ってきて苦しい生活をするという説）は、この、生命の進化現象をとらえたのに外ならないのです。但し、無目的にただ業《ごう》のみによって輪廻する（生れ変る）という従来の解釈は、この際改められねばなりません。それは進化の法則によって生ずる進化現象なのであります。

要するに、一定の段階にまで進化した人間は、どんどん他の世界に行ってしまうが、そのレベルにまで到達しない人間は、何度でも人間として現われて進化の道を歩まねばならぬということです。だから、何千年も何万年も前に他の世界に行って人間以上の生命形態に到達している生命もあれば、その生活の仕方が生命進化の法則に外れているために、いつまで経ってもそのレベルに行きつけず、下級な生命形態（つまり、不幸で低級な人生）を繰り返し繰り返ししている生命もあるわけです。言葉を変えて云えば、不幸な生活をしている人間とは、生命進化の法則に合致せぬために、いつまでも進化向上出来ないでいる生命状態であるということになります。

法華経如来寿量品に説く「仏」が、無量百千万億載阿僧祇《おくさいあそうぎ》という昔にすでに人間の境界を脱して「仏」になったのだとあるのは、この意味を示すものであり、また、その以前に仏になったという「多宝如来」の説も同様の意味と解釈すべきであります。要するに、人間生命の段階より上の段階に進化した生命形態を「仏」という名称で呼んでおるのでありまして、この点を深く考えてみるならば、我々人間にまで進化到達した生命というものは、決して軽々しく考えて扱えるものではないのです。

この段階を跳び台《スプリングボード》にして、もっと高次元の優れた生命形態に飛躍してゆくか、いつまでも「自覚」出来ずに、低い人間の生命状態のまま、不安定な世界をいつまでも彷徨《ほうこう》し輪廻していなければならないか、その重大な境い目に立っているわけなのです。

だから、釈迦は云うのです。

「我々が人間として生れてきたということはまことに得がたい機会なのであって、それだけでも我々は有難いことだと思わねばならぬ。その上、いま、仏になるべき真理の教えに遭ったということは、更に更に得がたい機会と云わねばならない。これは決して『偶然』ではなくて、過去に仏になる教えに遭って仏になるというだけのよい行いをしてきているそのお蔭なのである。この機縁を大切にせよ」

という意味のことを云っておられます。

まことに、我々が、いまここに人間として生れてきているということは、決して、おろそかには考えられないことであって、それは、過去何億年の進化の段階を経て、漸《ようや》く現在ここに至ったのであります。

人間は、もちろん、この進化の法則を自覚しなくとも、この真理を知らずとも、生物として現われ（生）休み（死）現われ休みして生きつづけることでしょう。一応進化の旅を歩きつづけることでしょう。

しかし、それは、ただ、生命の流れに押し流されているだけであって、決して本当に生きたとは云えますまい。この生命の真実の姿を自覚し理解して生きてこそ本当に生きたと云えるのです。生きたことによって生命進化の道を一歩でも前進したのでなければ、生きたことにはならぬのです。生きたことによって却《かえ》って進化の道を後退しているような人生を送っている人のあまりに多いことを悲しまずにはおられません。

この真理を示し、この法則を教え、この法則に生きる力を与えるものが、本当の宗教なのであります。

進化の条件

さて、それでは、この生命進化の条件は如何なるものであるかということになりますが、それは、一口に云うならば、過去の低い動物意識の脱却ということでありましょう。

我々は、我々の生命進化の過程に於て「善」と「悪」という二つの観念を認識しました。ところで、「善」とは何か、「悪」とは何かということを追究してみると、「悪」とは要するに他を傷つけ損ねる考えや行為であり、「善」とは、その反対の他を利し益する考えや行為であるということでありましょう。

我々はそう考えて、他を傷つけ損ねる考えや行為を「悪」と名づけて、そういうことをしてはならぬとなし、他を利し益する考えや行為を「善」と名づけて、そういうことは大いに為すべきで、価値あることであるとしております。

だが、ここで考えてみなければならぬことは、何故人間が「善」と「悪」というこの二つの価値を設定し、しかもすべての人間がそれを支持して疑わないのかということであります。なに故に他を利し益するという考えや行為が我々にとって価値あることだとするのであるか、本来ならば、他を利すとか、益するとかいう考え方は、自分の生命の発展のためには関係のないことのように思われます。むしろ、他はどうであろうとも、自分を利し益することに専念し、そう行動した方が自分にとって価値あることだとすべきように考えられます。

然るに、人間は、後者を「悪」となして、すべきではないと決定しております。

それは何故でしょうか。

「悪」的行為はその生命の進化現象を阻害し、「善」的行為はその生命の進化を推進するということを、人間の本性が悟っているからであります。

それが生命進化の法則であることを過去からの経験によって知っているからであります。

決して、この「善」と「悪」との価値設定は、生命（社会）秩序維持の便宜的な手段として案出されたものではありません。もっと深いところに根ざしている強い力であります。

カントは、『純粋理性批判』に於て、次のように云っております。

「我々の道徳上の目的は、それ自身のために道徳律を遵奉するのであって、道徳的意志の結果として幸福を伴うか否かは道徳上から云えば少しも関係ないことである。（また、道徳を守ることによって却って不幸を招来することが予想される場合も屢々あり、しかもこ

の場合も善悪の価値標準は変らない。つまり、善悪の標準が決して便宜的なものでないことがこれで分る。カッコ内は著者）

けれども善人苦しんで悪人栄え、善業悪報を来し、悪業善果を生ずるような観のあるのは我々の理性の到底満足出来ないことであって、我々は最上善の終極の勝利、すなわち完成善の理想の実現を要求する。けれどもこの理想は現世に於ては実現し難きもので現世の賞罰は極めて不公平である。故に完成善の理想が実現せられるためには未来に於て賞罰の公平に分配せられる時期の来ることが必然である」

即ち、善の勝利がないのに我々の本性が善の実行を遵奉する筈がないと考えるわけです。一見この世界に於ては善の勝利がないように見えるのにもかかわらず、人間はこの善を守ること本能の如くであるのは、それは結局、究極に於て善の勝利があるからであり、それを人間の本性は知っているのであるというのであります。

ただ、カントは、この現世は不完全であるから現世に於てはその勝敗は決定されないで、来世に於て「神」によってその裁きがなされると結論しました。

けれども、これは彼の洞察が足りなかったか、恐らくは彼のクリスチャンとしての伝統に誤らされたのであって、その勝敗の世界の結果は、来世を待たずして現世に現われてくるのです。

すなわち、「善」の行為をなした生命は、その行為によって進化する。進化するということは「完全」に近づくということで、要するに、その生命が今までよりも、より高い条件の境遇に入るということであります。今までの生活状態よりも、よりよい生活状態に入るということです。

すべて、生命成立の条件（つまり生活の状態）は、その生命エーテルの状態によって現われるものであります。

生命エーテルが、意識する（表面意識）と意識しない（潜在意識）とにかかわらず、物質エーテルを支配し左右するということは、前々章に於て説明致しましたが、この場合、すべてのエーテルは、同位の波長か、それに最も近い波長のエーテルと結びつくという性質を持つもので、それは、高度の生命エーテルはやはり同位の波長である高度の物質エーテルを呼んで有機体を組織し、それ故に健康で完全な肉体となって現われ、進化度の低い生命エーテルは低い物質エーテルによって肉体が支えられる故に、生れながらにして病弱であったり、甚だしい場合は不具の身となって現われるという現象が示す通りであります。

これは、いわば宇宙の法則とも云うべきもので、すべての無機物、有機物、その他一切、

生命現象に至るまで、この法則が働いておるのです。（これを仏教では縁が働く、或いは因が縁を呼ぶと云う。教理篇参照）

ごく卑近な例を云えば、俗に「泣き面に蜂」という言葉がありますが、これは、泣き面ばかりしている（又はしていなければならぬ）ような低級な生命エーテルには、その波動によってそういう泣き面現象ばかり起こる同位同波長の波動が次々と呼び寄せられて（つまり凝集されて）その泣き面現象がますます現われるようになるのであります。

中国の諺に、一つの不幸が次の不幸を呼ぶ、というのがありますが、因子《もと》になる生命エーテルの波動が、丁度、水面に投げこんだ石ころの一波万波を呼ぶように、同じ波動のエーテルを次から次へと呼び起こして、そういう現象を現わすのであります。

生命が進化したということは、生命エーテルが高度の状態に改善されたということですから、必然的にその生命エーテルを囲むあらゆるエーテルもまた、より高度に、より良いものに改善されたことになるわけです。（私が常に、自分の身に起こるあらゆる現象はすべて自分自身に原因《もと》があるのであって決して姓名や方位、方角、家相などにあるのではない、自分自身の因縁であると説くのはこの原理によるのです）

そして、高度のエーテルは高度のエネルギーを具えるものでありますから、従って、その生命エーテルの現われである人間が、物心両面にわたってより高くより良い状態になると同時に、強い生活力《エネルギー》を持つことになるのは当然のことなのであります。

善の行為が今述べたような現象を現わすと同時に、悪の行為がそれと反対の現象を現わすのは云うまでもないことであります。

さて、ところでここに考えることは、悪の行為が、屡々《しばしば》、現象的にはその生命を利益して、良い状態を招来しておるように見えることのあることです。例えば、人を傷つけ害して金を儲け、その金によって産をなし富を築いて名声を博しているというような人のあることです。

これは、この人が現在、何をしても一応成功するという恵まれた境遇にあるということは勿論前世に於ける良き行為の果報によって恵まれた環境を得たわけですが、その良き行為というのが元来この生命進化の法則を自覚して意識的に行《おこな》ったのではなく、偶然にか、或いは単に衝動的に行動した結果に過ぎないものでありますから、（若しこの生命進化の真理を認識して行動したのであるならば現世に於ても必ず縁が働いて彼は正しい宗教を持ち人を傷つけるようなことはしない）折角それによって前よりも進化した生命状態にまで進みながら、また衝動的に以前の低い動物意識を働かせてしまっているわけです。

従って、現世のそのような行為のために、次の生命活動をすべく現世に現われてきたとき、本来ならば前世よりも進歩していなければならないのにもかかわらず、彼は必ず前の時よりも悪い状態を現わして生れてくるのであります。人を傷つけた行為は必ず肉体上にも不完全な病気の状態を具えているでしょうし、精神や性格の面にも、人を傷つけ害しても自利をむさぼろうとばかり考えるような非常に悪い性格を強く具えて現われます。潜在意識は、人を傷つけ害してうまく金を儲けた前世の記憶を執拗に働かせて、その生命をして再びそういう行為を繰り返させようと計ります。また、環境も、それに相応《ふさわ》しい環境を呼びます。人を傷つけ害さなければ生きてゆけないような境遇や、そういう行為をやりやすい境遇に生れます。そうして非常に苦しく不幸な人生を送るわけです。

ところが、またその内に偶然にか衝動的にかふと良い行為をし、また良い環境に生れてくる。しかしまた直ぐそれをぶちこわすような悪い行為をしてしまって、また良くない生命状態に生れてくる。つまり前にも記した六道輪廻を果てしなく繰り返して、どうしても、人間生命の、それもあまり高くない状態のところをグルグル廻って歩いているわけです。

これというのも、要するに、生命進化の原理を自覚しないところから生ずるのです。

どうしてもこの原理を自覚して、不安定な六道（度）の生命状態から脱さなければならないのです。この原理を自覚することを、仏教では「悟る」と云うのです。そうして、この六道から抜け出ることを「解脱《げだつ》」すると云うのです。

教理篇——仏教的生命観

さて、原理篇に於て、我々の生命の本体を出来るかぎり科学的な方法で調べてみました。その結果、我々の生命というものは、低い生命体から次第次第に高い生命体に進化してきたもので、これからもまたもっと高い生命体に進化してゆくものであることが分りました。

また、我々の生命の状態、すなわち人生が幸福であるか不幸であるかということもすべて、この生命の進化に密接な関係のあるもので、生命の進化の程度が低い生命体ほど不完全なもので、つまり不幸な人生となり、高い生命体ほど完全に近くなって、つまり幸福な人生になるという原理も分りました。もちろんこの場合の進化という言葉は、文化とか文明という意味ではなくて、人格の面を主体とするものであることは云うまでもありません。

ところで、こういうことは、勿論私がいま初めて云うことではなくて、二千五百年も以前に、釈迦がより本質的に説いておられることであって、私はただこの釈迦の云われたことを新しい表現で云っておるのに過ぎません。それで、これから、釈迦の説いた生命の真理、これを仏教と云いますが、この仏教の立場に立って、もっと深く考えを進めてみたいと思います。

十界論

仏教では、生命のあらゆる変化を三千種類に分類して視ます。

その基礎になるのは十種類に分けた人間生命の状態でこれを十界と云います。この十界は、人間の生活状態を現わすと同時に、人間生命の進化の順序過程も現わしております。

地獄、餓鬼、畜生、修羅、人間、天上、声聞、縁覚、菩薩、仏、がそれです。

これを更にくわしく書いてみると、

地獄界 狂人、不具者、ルンペン、悪疾に悩む病人、強盗殺人等の犯罪者、十歳以下で死ぬ人間。

餓鬼界 働いても働いても生活に追われる貧窮者、又その反対に金があるのにその上に欲をかいて手段をえらばず金を得たいとする貪欲な人間、金だけではなく地位、名誉、勢力等をむさぼる人間、なんでも目につくものは自分のものにしたい性格異常者、二十歳以下で死ぬ人間。

畜生界 パンパン、泥棒、スリ、詐欺師、不良等の犯罪者、強い者にはなんでも絶対に

修羅界　従順で自分より弱い者には威張りちらす人格低劣な人間、或いは表面へつらって蔭で不平不満や蔭口をきく卑劣な人間、三十歳以下で死ぬ人間。

人間界　喰うか喰われるか、勝つか負けるかの生活をしている人間、即ち、競輪、競馬、バクチ等を事としている人間、兵隊、ボクサー、レスラー、棋士（相場師、一部の事業家、商人もこれに入る）、四十歳以下で死ぬ人間。よいこともせず、さりとて大した悪いこともせず平凡に暮らしている市井人、五十歳以下で死ぬ人間。

天上界　正しい働きで産をなした大金持、或いはその金をゆずられて倖せに暮らしている人たち、一部の政治家、事業家、商人、六十歳以下で死ぬ人間。

声聞界　世の中の進歩発達に力をつくした学者、教育家、発明家等。

縁覚界　芸術、芸能上で世の中に喜びをもたらした優れた人たち、又、慈善家など。

菩薩界　優れた社会事業家、宗教家、広く世の中社会を利益した人たち、正しい仏法を世に弘めて多くの人々に救いを与えた人々。人間生命の最上の段階。

仏　界　釈迦によって表現される人間生命から一段進化した状態の新しい生命形態。

以上のように分類されます。

この世界に生きている人間であるかぎり、すべてこの十界の中の九界のどれかの境界に生活しておるのであります。貴方もここで、自分がこの九界の中のどの境界に生きているか、ひとつじっくりと考えて頂きたいのであります。

そうして、同じ人間の生命でありながら、このような九種類の差別の状態になって現われるということは、何が原因でそうなるのか、考えてみなければなりません。

原理篇に於て我々は我々の生命が遙かなる過去から生死を繰り返しつつ進化してきたものであることを確認致しました。そして、それらの過去の業作《ごうさ》が現世界の自分を決定しているのであることを知りましたが、それでは、それらの過去の業作をなした元は何かと云えば、外界の変化に応じて自分のとった行動がその元をなしているのであります。それではその行動の元はと云えば、その行動をなすように決定した一瞬の心の働きでありますその一刹那に働いた一念心が一番の元と云えましょう。

それで、その刹那々々に働く一念心の状態を考察してみると、これもまた、十界と同じように、九種類の状態に変化して我々の心に現われるのです。

念《こころ》の九界

即ち、

地獄界　怒っている時、人と争っている時、人を傷つけだまして目的を遂げようと考えている時、怪我したり重い病気になった時。

餓鬼界　貪《むさぼ》りの心を持った時、必要なものを得られずに焦《あせ》っている時、金がなくて借金して廻っている時。

畜生界　利害のために善悪を無視している時、自分だけが正しいと思って他の悪口蔭口を云っている時。

修羅界　人をだましたり、損させて自分だけの利益を得ようと考えているような時、勝負事に凝っている時、人と議論を戦わしている時。

人間界　平凡な人並みな事、自分の務めを果しているような時。

天上界　大きな喜び事に逢って喜んでいる時、愉快な気持の状態の時。

声聞界　人から有益な話や教えをうけたり聞いたりしている時、自分の向上のために勉強したり、道を求めたりしている時。

縁覚界　世の中の色々な事象、例えば火事、地震、人の生死、栄枯盛衰等を見て、人生の無常、法則といったものを悟ったり、或いは立派な芸術や教えに遇って自分の心境が高められた時。

菩薩界　妻子を愛し慈しみ、親に孝養をつくして喜ばせ、人のために利益を与え、慈悲を施し、或いは人のために正しい仏法《おしえ》を説いて救おうとしている時。

即ち、以上のようになるのであって、人間生命に差別が生じたのは、一念が縁にふれ事に当って九種類の働きをなし、それが行為になって現われ、そのために、これらの果《か》を現わしたのであると云うのであります。

十の条件

ところで、この一念が働いて果を現わすということは前に申した通りですが、その一念が元となって果を現わすに、一念即果となって現われるのではなく、その間には、必ず十の条件を具えてその働きが現われるのでありまして、これを「十如是《によぜ》」と云っております。

十如是とは、

如《によ》是《ぜ》相《そう》
如《によ》是《ぜ》性《しよう》
如《によ》是《ぜ》体《たい》

如《によ》是《ぜ》力《りき》
如《によ》是《ぜ》作《さ》

如《によ》是《ぜ》因《いん》
如《によ》是《ぜ》縁《えん》
如《によ》是《ぜ》果《か》
如《によ》是《ぜ》報《ほう》

如是本末究竟等《によぜほんまつくきようとう》

以上を云います。

如是というのは、「いつでもこの通りで狂いがない」という意味です。真理と云ってもよいでしょう。ここに着物があるのも、我々がこうして生きているのも、いやしくも物がこの世界に存在している以上はこの十の条件は必ずそこに具わっておるというので、「如是」即ちいつでもあるところのものとこう云うのであります。

十如是に線を引いて区画したのは、この方が理解しやすいからでありまして、先ず一つの物が存在するのには、相、性、体の三つがなければなりません。

何かの姿があって、その姿というのは外に現われる。物理的に云えばエーテルが凝集して体をなしたということでしょう。その現われたものが「相《そう》」です。それが外に現われるのにはその性質がなければならない。それが即ち「性《しょう》」、またその性質が現われるというのはその性質を持っている物があるからで、即ち「体《たい》」があるからです。例えばここに一つの白墨《チョーク》があるとして、このチョークが白い色をしているのが相です。何故白いかと云うと、石灰であるからかどうかよく分りませんがそういう性質を持っているから白いのです。白い姿はチョークそのものの本来の性質の現われたものです。而してこの性質を具えている物がある。これがチョークの体です。

また、ここに一つの慈善行為があるとする。気の毒な人を救うというはたらきは「如是相」で、それは情け深いという「如是性」の現われであり、その性質は「如是体」即ちその人に具わっている。だから内から云うと、一人の人が或る性質を具えていてその性質が外に現われる。外から云うと外に現われた姿が初めにわかるが、それはその性質の現われであって、その性質はその人にいつも具わっている。こういう訳ですから、相、性、体、外に現われたところとそのものの性質とその性質を具えているそのもの自体、この三つがなければならぬのです。砂糖で云えば、砂糖というものが体である。その砂糖は含水炭素という性質を持っていて、それが甘いという味わいになって現われる。その甘いというのは相です。

この相、性、体、の三つがなければ物が存在しない。これが先ず第一に考えなければならぬことです。

それから、こういう物があると、それは必ず何かの力を持っている。力を持っているということは他を動かすということです。何物にでも必ず力があります。人間でも孤立しておるものではないから必ず他に影響を与える力があります。人間でも品物でも必ずみな相対立している。その対立しているものは必ず何かの力を持っている。力とは他を動かすはたらきであります。例えばチョークは白い色をこの黒板の上に現わす力を持っています。又黒板はこの白いチョークをうけて我々に見せる力を持っております。こういうように何かしら力のないものはない。その力の大きい小さいは別でありますが、とにかく、いやしくも或る物が存在する以上は力のないものはない。世間的に無力の者といっても必ず何かの力を持っています。必ず世の中のものは互いに影響を与え合うものでありまして、少しでも他に影響を及ぼさないものは絶対にないのであります。この、他に影響を及ぼすということは「力《りき》」であります。ところでこの力というものは外に現われてなんらかの作用となります。これが「作《さ》」であります。チョークは白い線を現わすべき力を持っておりますから、これを黒板の上で動かすと即ち白い線になる。チョークが白い線を引く、白い線となり得べきものがチョークの力で、その力が線となって現われたのがそのはたらきです。このはたらきを「作《さ》」と云います。金持は事業を起こすべき力を持っている。その事業を起こせば「作《さ》」になります。力が現われて作用になるからこれを併せて力、作とこう云うのです。

　それで、「如是相」「如是性」「如是体」は物の存在の条件、「如是力」「如是作」は物が相対して存在してお互いにはたらき合う時の条件であります。

それならば、その力がはたらき合うのに、どうしてはたらき合うかというと、それが、因、縁、果、報の順ではたらいて行くのです。物と物とが相対しているからお互いに力とはたらきがある。そのはたらきはどんなふうにして発展するかといえば、因縁果報の関係で発展する。なんでも物が動いてゆくのには原因がなければならない。またその周囲の境遇事情で、同じ原因でもその結果が異ってくる。縁というのはその周囲の境遇事情です。同じ因でも、縁が違えば果はおのずから違ってきます。ただ因、果という考えはあまりに単純すぎる考え方です。原因があれば結果があると云ってしまえばそれまでですが、同じ因があっても必ずしも同じ結果にはならない。それは何故かというと縁が違うからです。縁が違えば同じ原因でもその果が違います。例えばマッチをすれば火が出る。マッチをするのが因で火が出るのが果だ、というけれども、それではマッチをすれば必ず火が出るかというと出ない場合がある。水の中ですったら火は出ない。どこでも火が出そうだが水の中では火がつかない。何故つかないかというと縁が悪いからです。だから因ばかり考えてはいけない。因と縁とを考えなければいけない。そこで仏教では縁が大切であると云うのです。善い縁を与えなければならぬ、善い縁を求めなければならぬと教えています。縁が悪かったら善い因があっても果は生じないのであります。どんなに善いマッチであろうとも水の中では火が出ない、マッチが火を出すのには乾いた空気の中という善い縁が伴わなければ火は出ぬのです。肉を食べれば身体の栄養になるということは因果であるけれども、胃腸を悪くして下痢をしている時などはいくら栄養百パーセントの牛肉でもなんにもならない。それは縁が悪いからです。縁をよくしなければいかに善い因を持っていてもその因は善い果を現わしません。それで、法華経には「仏種は縁に従って起こる」と説いています。仏になるには善い縁を求めなければならぬ。いくら立派な人間で、仏になろうと努力しても、信仰の心があっても、間違った教えに首をつっこんだり、いいかげんなものを相手にしていてはいつまで経っても善い縁が得られない。縁が大事であると云うのであります。

それで、因と縁がそろいますと果を生みます。

例えば、マッチをするのが因で、乾いた空気の中でするのが縁、そうすると火が出るという果が現われてきます。果が出てくると、その果は果だけで終らずして、それはまた他にはたらきを及ぼすので、それを「報」と云うのです。即ち、結果のまた他に及ぼす力が報であります。いまのマッチの例で云えば、マッチをするのが因で、乾いた空気が縁、火の出るのが果で、その火が物を焼くのが報であります。我々が仏教に道を求めて精進してゆくのでも、一生懸命に信仰するのが因、それから与えられる教えが縁、そうして自分が立派な人間になって幸福になるのが果、それで人を救い世間を利益するのが報です。こういう風に、力があればそのはたらきがあるが、そのはたらきはこの様に因縁果報という順序で現われてくる。

以上のことが分れば、本末究竟等で、本末とは始めから終りまでのことです。相性体、力作、因縁果報、この九つの条件なるものは「究竟《くきょう》して等《ひと》し」で、どんな物にも具わっております。その九つのものは始めの相から終りの報まで欠くるところなく究竟してすべてのものに行きわたってみな具わっている。どんなに小さい物でもどんなに大きい物でも、これらの条件を具えないものはない、とこういうことです。これが大体「十如是」の意味です。

前に記したように、十界がある。この十界をこの条件によって調べればくわしく分ります。地獄界に居る生命状態というものはどんな有様で、どんな本性を持っているか、地獄界に居るものはどんなはたらきをするか、また菩薩界に居る人は如何なる相、性、体を持っているか、どんな力作を持っているか、いかなる因縁果報の順序をもって世の中にその力が発展して行くかというように細かに観察すればすっかり分るのであります。またその逆に、何故その生命が地獄界に居るのかということも分るのであります。

我々の心の中に現われた十界が、この十如是の条件によって働いて、十界の生活が現われてくるのであります。従って、地獄界から仏界迄の果報も、一つの生命の一念心の業因によって決定されてくるので、或る時は地獄界に、或る時は天上界に、というように現われてくるのであります。生命の変化の仕方は三千種類あって、この三千世間のどこをどう生きて行くかということは、帰するところ自分の一瞬に働く一念が決定し招いたことなのであります。この心の現われ方一つの別が生命の差別が現われる原因なのであります。いつまでも動物意識を捨て切れず、人間生命に自覚せず、六道（地獄界、餓鬼界、畜生界、修羅界、人間界、天上界の六界を云う）の低い状態を生活して歩いて苦しむのも、過去の一念の持ち方が悪かったのであります。

決して人が悪かったのではない。過去の自分の心の持ち方が現在を招来したのでありま す。

人間の最大の不幸は、この真理に気づかぬところにあるのです。

道楽者の夫を持って苦しむ妻は、自分はなにも悪くないのに、夫が道楽をするから家庭が苦しくなるのだ、夫が悪いのだ、私は少しも悪くない、なんの因果でこんな亭主を持ったのだろうとグチを云う。過去世に、そのような道楽者の夫を持って苦しむだけの業因をなしてきたことを、この妻は悟らなければならぬのです。そのような夫を恨む前に、そのような夫を持って苦しまなければならぬ境界を造り出す因をなした我が因縁を考えてみなければならぬのです。

類は縁をもって集まる（一）

すべて人間は必ず他の人々となんらかの関係を結んで生きています。

ところでこの人間同士の関係は何によって結ばれるかというと、これは、お互い同士の縁によって結ばれます。そしてこの縁はお互いの持つ因によって近づくのです。

例えば、地獄界に住むべき因縁を持つ人間は、この因縁を転換させぬかぎり、この人と関係を持つべく現われる人間は、やはり同じように地獄界かそれに近い境界に住むべき因縁を持つ人間ばかりであります。「友は類を以て集まる」という諺、「その人間の人物を知りたかったらその友人を見よ」というような格言は、この真理をぴったり云っているわけです。

親子の関係、夫婦の関係、兄弟姉妹、友人知人、その他すべての人間関係はことごとく各自の生命が持つ因縁のグループによって結ばれておるのです。

これは、原理篇にある通り、エーテルは、同位同質、同波長のエーテル同士が惹き合うという原則によるもので、低劣な生命エーテルには同じような低劣な波動によって構成された生命エーテルが引かれて集まってゆくのです。進化した高級な生命エーテルには、同じように高級な生命エーテル、高級な物質エーテルが凝集されてゆくのです。

（但し、高級生命エーテルといえども、一念が低い動物意識を働かせて低級な念波《心のエーテル波動》を発すると、その時、それは十界で云えば地獄界なり餓鬼界の生命状態に入ったわけですから、その境界に相応した現象が現われます）

この原理が分らず、自分の貧乏は親が悪いのだ。親が一文の財産も残して呉れず、地位も何もない貧乏家庭に生れたから自分はいつまで経ってもウダツが上らぬのだ、という伜がよく居ますが、とんでもない、そういう親を持って貧に苦しむ因縁を過去になしてきていることを悟らねばならぬのです。この真理を悟り、我が因縁を自覚することが、自己の持つ悪い因縁を転換する第一歩で、これを悟らぬ限り、いつまで経っても他を恨み憤る地獄界から抜け切れず、永久に六道をさまよい歩かねばならぬことになるのです。

親の因縁、子の因縁

つい先日もこういうことがありました。

横浜の会員に、山田さん（仮名）という方が居りますが、この方は半年ほど前に、親子そろって私の宿命透視を受け、会員になって精進の道に入った方であります。お父さんは太蔵氏と云って六十五歳、若い頃から二、三度洋行もし、二、三の会社の重役を勤める立派な実業家で息子の太一郎氏は三十七歳、東大を卒業し、お父さんの会社の専務をして居られる青年紳士であります。このお二人の宿命透視をしたとき、私が気の毒だなと思ったのは、太蔵氏に、「脳障害の悪い因縁」が見えておることでした。しかもこの因縁は、決して脳溢血とか頭部負傷などのそれではなく、花柳病、性病による脳障害と感知せられるもので、恐らく脳バイ毒に依る精神病となって現われるであろうと思われたのです。そして息子の太一郎氏はと見ると、これも脳障害の因縁がまぎれもなくあり、遺伝的花柳病による脳障害と出ております。

それで私が眉をひそめながら、

「脳障害の因縁がありますね。祖父母の代の方と思われる方で、一人、脳障害で亡くなった仏さんが見えておりますが――」

と云うと、太蔵氏は、

「祖母が脳溢血で死んでおります。それでは私も脳溢血でしょうか、実は血圧も少し高いし、前から心配はしておるのです」

と頷きながら云います。実を云うと、私はここで非常に迷ったのです。いや、貴方の脳障害の因縁は脳溢血などではなく、バイ毒による脳病なのです。早く治療なさるように、と真実を告げるべきか、或いはそこまでハッキリとは云わず、それとなく注意をするにとどめるか、頗《すこぶ》る迷ったのでありました。どういう感情を持たれようとも真実を話そうかと何度も口まで出かかったのでしたが、この温厚篤実な立派な老実業家と目を見合せてその体面を損ねるようなこの事実は、どうしてもその時、私には云い出しかねたのであります。まして、その息子さんも同座しておられることです。そのほかにも少し考える処もあり、

「そうですね、まあ、脳障害ですから、あながち脳溢血とばかりは限りませんが、兎に角、今年の下半期は非常に良くない影が見えておりますから、明日にでも病院に行ってよく診断を受けて下さい」

と私は不本意ながら言葉をにごして、医師の診断を受けることを勧めました。医師に、病名を告げさせる難役を転嫁したわけではありませんが、因縁の現われる時期から視て、熟練した専門医ならば、もう診断のつく時期であると考えたからです。そうして、その息子さんにも同じように脳障害の因縁のあることを注意しておきました。

お二人は、医師の診断も受けるが、信仰の道に入って因縁を転換したいと云われて、慈恵会に入会し、精進されることになりました。集会にもよく出席されて、仲々熱心にやっておられました。

ところがそれから三カ月ほどして、この七月、お父さんの太蔵氏が高血圧のため床に就いたと知らせてきました。丁度ついでもありましたのでお見舞に寄ると、別に倒れたわけでもないので入院はせずに自宅で医師に注射をしてもらっているとのことでした。引きつづき二、三度お寄りして霊射療法をしてあげましたが、霊射をすると一時血圧は下がるけれども、また一両日経つと元に戻ってしまうという状況で、家族の方たちもたいへん心配しておられます。然し私は、むろん、脳バイ毒の因縁が脳溢血の方の因縁にでも転換してくれて軽い脳溢血の発作が現われてそれ位で済んでくれればよいのだがと心ひそかに考えておりました。そうして、悪い因縁の出る時期に当っていることだから入院した方がよいとすすめておきました。

半月ほど音信が絶えて、私もつい多忙なままに、気にしておりながら忘れるともなく忘れていたところ、突然、九月の初め、太一郎氏が一人で城南支部に姿を見せました。

その顔を見て、私はすぐに、心中、ははあ、と感ずるものがありましたが、さりげなく、

「その後いかがですか?」

と訊ねると、

「先生、昨日、父が入院致しました」

との返事です。

そこで私は、

「そうですか、お父さんも若い頃かなりお遊びになられたようですからね」

と太一郎氏の顔を意味ありげに見つめながら申しますと、

「えッ?　先生、どうしてお分りですか」

とびっくりしたような声をあげます。

私はそれには答えず、

「太一郎さん、貴方は今日この桐山に文句を云いに来たのでしょう」

か？」

と云うと、

「え？　いや、それは、文句というわけではありませんけれども、先生に一寸《ちよつと》申上げようと思うことがあって伺ったんですが、しかし、先生は父の病名をどうして御存知なんですか？」

と不思議そうに聞き返します。

「やはりお父さんは脳バイ毒でしたか？」

「はあ」

と太一郎氏は頷いて、暗然とした表情で、

「ここ五、六日、どうも妙なことを云うので、入院させて調べてもらったら、そう云われました。先生は御存知だったんですね？」

私は黙って頷きながら、隣室に居る秘書の塚田君に声をかけました。

「塚田君、山田太蔵さんと太一郎さんの透視記録を持ってきて呉れ給え」

塚田君が、四、五カ月前の透視記録を取り出してきたので、それを太一郎氏の前に拡げました。私は、宿命透視の際、透視に現われた色々の因縁を全部一旦《いつたん》紙に書き記して、それを相手の前において説明することにしておるので、その時の書き記した透視記録を開いたわけです。

「ごらんなさい。これは貴方がたの透視記録で、貴方にも記憶があるでしょう。これがお父さんの分ですね、名前が書いてある、この紙の中央に一番大きく——脳障害の因縁、と書いてあり、そばに小さく——花による、と書きそえてありますね。この、花による、というのは、透視記録は人の秘密を書いてあるので私以外の目には触れないようにしてあるけれども万一の時のことを考えて、暗号という程でもないが略字を使っているので、これは、花柳病による、という意味なのです。つまり、花柳病による脳障害の因縁ということです。花柳病による脳障害と云ったら脳バイ毒以外ありません。お父さんが、脳バイ毒の因縁を持っておられて危険が迫っておったことはこの通り一番最初から分っていたのです。それであの時、私も、余程《よほど》それをお知らせしようかと考えたのですが、私が迷ったのは、今これをお知らせしても、恐らくお父さんも貴方も信じはしないだろうということでした。若い貴方は自尊心を傷つけられて憤慨するでしょうし、お父さんはお父さんで、身に記憶《おぼえ》がなければむろん怒るでしょうし、身におぼえがあればあるで、自分のメンツや息子である貴方の手前怒ってみせなければなりますまいし、いずれにせよ貴方がたは憤慨するでしょう。どうですか？　太一郎さん」

と云うと、

「そうですね、あの場合、恐らく親父《おやじ》は兎に角、僕は憤慨するでしょうね」

「そうでしょう。そうすると、どうなるでしょう。お父さんも貴方も、折角、桐山に会って仏縁が生じ正しい信仰の道に入るという入口まできていながら、入ることが出来ずにまた離れていってしまうことになる。私が易者であったらそれでもよいのです。とにかく当りさえすればよいのだから、なんのシンシャクもなくそれを云うでしょうが、私が人の因縁宿命の透視をするのは、その人の持っている因縁や宿命を見て、もし悪いものがあったらその人にそれを教えてあげて、その悪い因縁がなくなるように導いてあげなければならない。そのための宿命因縁透視ですから、私は人の宿命を見て、それがみな当ればそれでいいというものではないのです。その見たところの因縁を転換して変えるように導いてあげねばならないという役目を私は持っておるのです。ですから、いつも云う通り、私の宿命透視が百発百中だと云って人は驚くけれども、私の宿命透視が当るのはあたりまえのことで、私は一度だって当てようと思って苦労したことはありません。私がいつも考えているのは透視した因縁をどうして転換するように導いてあげるかということで、そういう建前から考えると、貴方がたに真実を告げることは却って貴方がたを因縁転換の教えから遠ざけるものだ、とこう判断したのです。貴方がたに真実を告げて、貴方がたが、怒って私から遠ざかったとしても、あとで私の云った通りになったら、やはり桐山の宿命透視はよく当る、と、貴方も考え、貴方の周囲も考えて、桐山の宿命透視者としての名声はよくなるだろうが、それは私の本意でないことは前に云った通りで、私はどうしても、悪い因縁を持っている貴方がたをこのまま帰してしまうわけにはゆかないと考えたのです。それで、私は、ただ脳障害とのみ告げて、医師の診断をすすめておいたわけなのです。ところで、太一郎さん、貴方としては、脳障害には違いないけれども、脳溢血と脳バイ毒では全然違うじゃないか、それに、あれだけ信仰もし、また、二、三回霊射もやってもらったのに入院するようになってしまったのはどういうわけか、と、こう桐山に云いに来たのではないのですか？」

「ええ、まあ、そういうわけでもありませんが」

と、太一郎氏はバツの悪そうな顔をします。

「まあ、当らずといえども遠からずでしょう。しかし、太一郎さん、それならば申上げるが、これが貴方の透視記録です。一寸、これをごらんなさい」

と私は彼の透視記録を拡げました。

「この紙の中央に、脳障害の因縁として、そばに小さく、遺花による、と書いてありますね。これは、遺伝性花柳病による、という意味なのです。つまり、貴方も、脳バイ毒の因縁を持っているのです。但し、遺伝性のものと出ているから、これは恐らくお父さんからの遺伝ですね」

と云って太一郎氏の顔を見ると、サッと顔色が変りました。

「お父さんの発病の容態を見て、恐らくショックを受けておられるのに違いない現在の貴方にこんなことを云うのは少々惨酷なことだとは思いますが、今がその時機だと思うので敢てお話しするわけです」

「先生!」

と太一郎氏が突然私の言葉をさえぎって、

「よく分りました。実は、昨日病院で父の病気がハッキリしてから、母と二人でそのことを心配しておったのです。病気が病気だから僕に伝染しておるのではないか、と心配して、母は、もし僕に伝染しているようだったら生きていないなどと迄云っておるのです。ただ、母が云うのには、僕が生れる頃には父もそういうことはなかった筈だから、僕にはそういうこともないだろうとそれを頼みにしておったのですが、やっぱり僕にも来ていたのですね」

私が黙って頷くと、

「先生、私は、実は昨日まで、父を心の底から尊敬しておりました。話も分るし、僕は、よい父を持って倖せな人間だと思っておりました。けれども、現在の私にとって父は、これ以上ひどい人間はない。僕にとっては悪魔だとしか思えません。先生の前ですが、私は、いまだかつていかがわしい場所で遊んだこともないし、そんな忌わしい病気にかかるような行為をしたことなど一度もありません。その僕が、父の遊蕩のためにそんなひどい病気にかからなくてはならぬとは、僕は、心の底から父を呪いたくなりますね。僕は今まで因縁とかなんとか云うものは自分には縁のない不要のものと考えていました。こんな切実な局面になってふりかかってくるとは想像もしておりませんでした。先生、僕はどうしたらいいのでしょうか」

と真剣な眼つきで私を見つめるのでした。

「太一郎さん、貴方のその悩みはよく分ります。けれども、貴方に先ず知って頂きたいことは、貴方の遺伝梅毒による脳病の因縁が、お父さんのせいで、貴方には少しも責任がない。すべてお父さんのせいだ、と考える考え方は間違いだということです。いや、それはなにも貴方が遊蕩をしたのだろうと云うのではありません。私がいつも云う通り、貴方が何故に脳バイ毒にかかる父親の子として生れてきてその父の遺伝を受けねばならないような目に合わねばならぬのか、ということを考えて欲しいのです。何故、ほかの健全な人間を父として生れて来なかったのか。恐らく貴方は、太蔵氏の子供として生れず他の人を父として生れたとしても、その父はやはり太蔵氏と同じように貴方に脳バイ毒の遺伝を与えるのに違いないのです。どの人を父としようとも、貴方という生命は、現世でこの病気にかかるように決定づけられる業因を過去世に於てなしてきている生命なのです。どこに生れようとも結果は同じことなのです。山田太蔵という人はただ縁により貴方をこの世に出す媒体になったのに過ぎぬのです。今だから云いますが、私がお父さんに、三代以内の血縁で脳障害による仏さんが一人見えていると申上げたところ、祖母が脳溢血で死んでいると申されましたね。しかし、あれは、お父さんは脳溢血と聞いているかも知れないが、やはり今のお父さんと同系統の病気に違いないのです。恐らくはバイ毒系の脳腫だったのでしょう。これは屢々《しばしば》脳溢血と間違われる場合が多いのです。殊《こと》に昔の医師などの場合はそうです。そういうように、山田家は家系的にそういう因縁を持っておるのです。或いは、医者はこの現象をとらえて代々遺伝として現われるのだと云うかも知れませんが、そうではないのです。同じ因縁を持った生命が一つのグループをなす。それが次々と一つの系列をなして生じてくる。これが代々の家系という形になって現われておるので、貴方と太蔵氏というものは、過去世に同じ行為、つまり脳バイ毒を患うという果を来たすような原因をなす行為を犯したという因縁でつながっており、それがこの世に親子という形で現われたのであって、貴方が脳バイ毒にかかるという因は、貴方自身がやってきておるのです。なるほど、現世に於ける貴方というものは、そういう原因になるような行為はしていないでしょうが、過去世にそういう行為をなしてきているから、そういう病気にかかるのは当然なのです。お父さんを恨むことはないのです。お父さんはお父さんでやはりそういう遊びをしてそういう病気にかかって苦しまなければならぬ因を過去になしてきておるのです。そういう遊びをした人間がすべてこういう病気にかかるというわけのものではないのですから、やはりお父さんはお父さんでそういう苦しみにあわねばならぬことをしてきておるのです」

太一郎氏は深くうなずきました。

「そこで、お父さんの問題ですが、私も、なんとかお父さんのこの悪因を転換したいものと考えて、随分祈願もしたのですが、やはり力及ばぬことでした。自分の非力に慚愧しておる次第ですが、然し、太一郎さん、お父さんのほうはお気の毒ながら実を云うと私は最初から半ば諦めておったのです。そうして、貴方に望みをたくしておったのです。

と云うのは、太一郎さん、考えてごらんなさい。お父さんの病気は、恐らく、三十何年前に洋行された時、向うで伝染《うつ》されたものに違いないのです。以来三十何年、いわゆる骨がらみになってしまったものです。そして、もはや今年の後半期に発病する処まできてしまっている。率直に云って、これだけの病気が二、三カ月の信仰でパッと治るというわけには、それがどれだけ厚い信仰であろうとも、私は一寸無理だと感じたのです。

だが、貴方は違う。まだ、この因縁が出るまでには可成りの期間がある。この期間に、一生懸命やれば必ず転換出来る。お父さんは救えぬかも知れぬが貴方は救える。そして、また貴方のお子さんにも、このままにしておけば行くかも知れないこの因縁を防ぐことが出来る。そう、私は考えたのです。

お父さんはやはり発病してしまった。これはもう止むを得ません。私がお会いするのがあまりにおそかった。それだけ業因が深かったと思うより仕方がない。こうなったら貴方の因縁もお父さんに持っていってもらうのですね。お父さんも、たとえ三、四カ月とはいえあれだけ信仰されたのですから、これで業因もこの世で一切断てることでしょう。

先ず、貴方はお父さんを恨む心を捨てて、過去世になした悪業を、心の底からザンゲする気持になりなさい。そうして、徳を積んで、この悪い因縁を放解《ほど》くようにしなければならぬのです」

「先生、よく分りました。やはり、自分が根本《こんぽん》原因をなしておるのですね」

「その通り。すべては、自分が根本、自分がそれだけの原因をなしておるのです。自分が種を蒔いているのです。ただ、その原因、種が、色々な環境や事情、つまり縁によって現われてくるので、それらのものに目がくらんで、根本原因にまで目が届かないのです」

太一郎氏もすっかりこの真理を悟って、今は静かな心境で精進の道に励んでおります。

山田太一郎氏は、幸いこの真理を知って因縁転換の正法に入ることが出来ましたが、この真理を知らぬために悩み苦しんでいる気の毒な人がどれだけいるか知れないのです。

類は縁をもって集まる(二)

また、この十界について人と人との関係は同一の因縁《グループ》によって結ばれるのだというお話をした時に、こういう質問をされた方がありました。

石原さんという相当大きなスクラップ問屋の御主人ですが、

「先生の今のお話で、考えてみますと、どうも私は修羅界あたりに生きているのじゃないかと思います。

と云うのは、我々商売をしている人間は、お互いにかけ引きというものがあって、あんまり正直に、腹の中をすっかりしゃべってしまったのでは相手にうまくやられてしまって、とても儲けるわけにはゆきません。自然、お互いに、まあ、かけ引きし合って儲けてゆくわけですが、これが先生のお話では修羅界の形相だと思うんですが、如何でしょうか？」

私が黙って笑いながらうなずくと、

「で、まあ、私も出来る限り良い境界に入りたいと思いますが、仏界、菩薩界は、とても望めないこととして、声聞界あたりの心持で商売をするとします。すると、どうも、商売のうまい連中にうまくやられてしまって、私はいつも損ばかりしてしまうような気がするのですが、この点、先生はどうお考えになりますか？」

「それは、石原さん、貴方が修羅界に住んでおられるからこそ、同じように修羅界に住んでいるような同業者とばかりつながるのです。

貴方が声聞界に生きるようになれば、同じように声聞界に生きている同業者や、お得意さんと縁がつながるようになり、以前の修羅界の同業者やお得意とは、自然に縁が切れてゆくのです。全然無縁になってしまいます。そうすると、貴方は、今までの修羅界にいた時のように色々と不本意なかけ引きをしたりする必要がなく、無理せずにラクラクと正当な利益が入ってくるようになります。

例えば、貴方は、いまの自分は修羅界に居ると仰有《おっしゃ》るからまあ修羅界に居るとして、それよりもっと悪い境界、即ち、地獄界の状態に居るスクラップ屋さんと貴方とをくらべてみましょう。

貴方の近所にそういうスクラップ屋さんが居るとして、ここに何人かの良くない人間たちが居まして、この連中が或る日近くの工場に忍びこんで機械工具や鉄材をトラックに一台盗み出しました、地獄界に住んでいる連中ですね。

で、この連中が相談を始めました。(早く金にしなきゃならないが何処へ持って行く?)(この先に石原というスクラップ屋があるからあそこへ持って行って金にしようじゃないか、あそこはいつでも直ぐに現金で買うそうだから)(いや、石原は駄目だよ、あそこのおやじはいやに堅くて、どこから持って来たの、どこの工場だのと小うるさく聞いて、うさん臭いものはいくら安くても買わないいし、うっかりすると警察に届けかねないんだ。それより少し遠いがAというスクラップ屋のおやじは、こいつは盗品でもなんでも儲かりさえすれば買い取るから、むろん、足もとを見て叩くだろうが、ここへ売ろうじゃないか)

(よしきた、そこへ持って行こう)

というので、この地獄界の連中は、石原さんの処へは来ないで、そのAというスクラップ屋へ行きます。これは当り前で、地獄界と修羅界とは境界が違うから、縁が生じない、縁が結びつかないのです。全く無縁だ。そうして、同じ地獄界のAの処へ行ったわけです。

Aはそういう男ですから、うんと叩いて安く買い取る。それで大分儲けた。ここまでみると、Aは儲けて、石原さんは儲けをフイにしたようなことになる。

ところが話はまだ続くので、Aから金を受け取った悪い連中は、その金を持って早速ドンチャン騒ぎをして金を使います。一方、盗まれた工場の方では直ぐに警察へ届けます。警察の方は専門家ですから、ふだんから評判のよくないこの連中の時ならぬドンチャン騒ぎと照らし合せて目星をつけましたから、忽《たちま》ち犯罪が分ってしまった。で、逮捕《たいほ》されて、盗品は何処へ売った。はいAに売りました。で忽ちAもつかまってしまう。盗品と知らないで買いましたという弁解は通りません。でAも結局処罰をされるということで、もちろんこの話はたとえ話ではありますが、それぞれ縁というものはこの話のようにそれぞれの持つ因縁によって結ばれ現われてくるものなのです。

貴方が声聞界、縁覚界という高い境界に住めば、石原という店は絶対信用がおける店だというので、今まで縁がなかった大会社、大工場あたりと取引きが出来てそれも信用されるからららくな商売が出来るようになるのです。コセコセと、どうやって儲けてやろうかなどと考える必要がなくなってくるのです」

「よく分りました」

と石原さんは満足そうに頷かれたのですが、すべての人間関係というものは、このように自分の持つ因縁を中心に構成されておるのです。

寝ていて人を起こすな

親子、夫婦、兄弟姉妹、友人知人、取引関係、すべて、自分の持つ因縁が中心をなし、自分の持つ因縁と噛み合って関係が組み立てられてくるのです。

自分を、中心の歯車《ギア》だと思えばよいのです。これと結びついて、一緒に廻転を始める相手の歯車は、必ず自分と同じ廻転数を持った歯車です。ギアの廻転数が違っておればこの歯車同士は噛み合わず、もちろん廻転も始めません。結合して廻転を始めるからには同じギア（因縁）を持った歯車（人間）同士なのであります。

親子という歯車、夫婦という歯車、みな同じことです。

道楽息子を持って苦しむ親は、そういう息子を持つ因縁を持ち、その因縁に応じて、そういう道楽息子が現われてきておるのです。

夫婦の間も同じことです。

それだのに、多くの人々は、自分の歯車、自分の因縁のことは考えずに、相手の歯車、相手の因縁のことばかり云っております。

「うちの亭主は浮気で困る――」

「うちの女房はヒステリーで困る――」

自分の因縁がそうだからそういう相手と結びついているのだ。

それでは、その相手と別れて別な因縁の相手を見つけよう。

どっこい、そうは問屋が下ろさない。で、ほかにいくら相手を探して歩こうとも自分の歯車が変らない限り、その歯車に応じて結びつき噛み合ってくる相手は、同じ種類のギアの持ち主よりほかないのです。

先ず、自分の歯車（因縁）の廻転数《ギア》を変えることです。こっちのギアが変れば、自然と相手のギアも変ってくる。どうしても相手のギアが変れなければ、自然と縁が切れて離れてゆきます。そうして、こちらのギアに合った相手が結ばれてくるのです。

だから、ギアを良く変えれば、相手のギアも良く変るし、悪く変えれば、相手のギアも悪く変る。

よく、慈恵会に見える人が云うのです。

「うちの主人がどうも因縁が悪いようですから、私が代りに信仰してこの悪い因縁を転換してやりたいと思うのですが如何でしょうか？」

「私の息子が道楽者で困りますが、なんとか信仰でもして真面目な人間になるようにならないものでしょうか？」

その夫の、その息子の、因縁を転換してやろうとするよりも、先ず、因縁の転換ということに気がついた自分が、自分の因縁を転換するように心がけることです。

自分が変れば相手も変らざるを得ないのだから先ず自分が変るようにすることですよ、と、私はそういう人に常に云うのです。大体考えてみても分るではありませんか、人を動かすよりも、自分が動いた方が簡単です。

夜中にふと目が覚めたら台所の方で火がくすぶっている。このままにしておいたら火事になる。そこで側に寝ている息子を起こして早く水をかけて消せと云う。けれども息子は仲々目をさまさない。やっきになって叩き起こすのだが起きそうもない。煙はますます大きくなる。いったいどうしたらよいのか。

なに、わけのないことです。自分がさっさと起きていって水をかければいいのです。目がさめた者が先ず真っ先に飛び起きて火を消せばよいのです。その内に息子も起きてきて手伝うでしょう。また、息子が起きてこなくても親父の働きで火が消えればそれでいいではありませんか。先ず目をさました者、気のついた者が真っ先にやることです。

ただ、ここで充分に頭に入れておかねばならぬことが一つあるのです。

それは、先ず自分が、ということは、自分だけが、ということではないということです。

二乗非仏論

我々は、誰にしても単独で生きているのではないのだから、自分の生命の動きを考えるとき、他との関係を全く無視するというわけには行きません。たとえば、人間関係の一番小さく且つ密接な単位《グループ》は家族ですが、家族の中の一人、つまりまあ貴方なら貴方が教えを受けて信仰の道に入ると、必ず一つの動きが現われます。それは、その家族の境界が低ければ低いほど強く現われるものです。何故ならば、貴方が教えによって高い境界に進もうとし始めたことは、貴方の生命エーテルの波長が変化し始めたということであり、貴方がた家族が一体となって廻っていた歯車の中の一つである貴方の歯車（因縁）の廻転数が変ってきたということですから、そこになんらかの変動が現われない筈はないのです。ラジオだって電波の波長が混線すれば、ガアガアという雑音が入るでしょう。貴方の波長が変ってくれば、必ず家族の方の波長と合わなくなって雑音が入って参ります。現象的にも色々と現われましょう。

こういう時、貴方はどうするか。

それらの動きや雑音を全く無視して、超然としてひとり精進してゆくという態度を執る人があります。その内に、貴方の境界が高くなればその高くなった歯車に、家族の者たちの歯車も合うようになってくるだろうという考えです。

なるほど、これも一理ある考え方のようではあります。そうしてまた実際にそうなっていっている人々もないではありません。けれども、万一、家族の人たちの業《ごう》が深くて、貴方の高くなった歯車に合うようになれなかった時はどうなるでしょう。もちろん、貴方が上の境界に入れば、その境界に住む人々と縁が生じ結ばれて、低い境界のままの家族たちと縁が切れたとしても、貴方は決して孤独にはならないが、それで貴方は満足出来るでしょうか？　恐らく満足出来ますまい。

いくら自分が倖せな境遇になり、仏界にまで入ったとしても、自分の家族、自分と縁のつながる誰彼が不幸な状態で苦しんでいるとしたら、安心した気持で幸福にひたってはおれますまい。自分が倖せになればなるほどその気持は強くなるでしょう。

ここに於て、他を考えず自分ひとりだけが仏になるという考え方は成り立たなくなるわけですね。つまり、この考え方で精進に入った人は、その状態のまま進んでゆくと限度《かべ》にぶつかるわけです。声聞界、縁覚界で行き止まりで、それから上には行けないのです。たとえ上へ上ったとしても、後に残してきた家族や、それから色々な縁で知り合った人々の不幸に苦しむ顔が思い浮かんできて、自分の倖せな状態を喜んでばかりいられない気持が起きてきます。少しでも悩む心を持つ状態は、まだ仏界とは遠い状態です。だから、自分ひとりだけ仏界に入ろうとする考えは自然成り立たないわけで、自分ひとりだけ救われようと思って精進する人を小乗と云うのですが、経文に、焼いた麦が芽を出すことがあろうとも小乗（声聞、縁覚の二乗）は絶対に仏界に入れないと云われておるのも当然至極のことなのです。

ですから、要するに、教えの道に入って少しずつ教えのことが分ってくると、どうしても、自分ひとりだけでなく家族の者や知り合いにもこの教えを知らせて、相共に、良い高い生活に入れるようになりたいという心が起きてくるのです。また起きてくるのが本当なのです。起きてこない人は進歩しておらないわけで、この心が起きた時、その人は菩薩界に入ったのであります。

菩薩とは、菩提薩埵《ぼだいさった》という言葉の略で、大きい人、優れた人という意味です。そうですね、たしかに大きい人でありましょう。いままでは自分ひとりだけ良くなろうと考えていたのに、今度は、自分に縁ある人すべてと一緒に良くなろうと考えるのですから大きいです。この心が更に大きくなると、なにも自分に直接縁ある人とのみ限らない。お互いに人間として生れ合せたということだけでも共通の縁なのだから、人間ならばすべてにこの教えを知らせて相共に救われようという心になるのです。ここに至れば最早や完全な菩薩界で、人間生命最上最高の段階です。生命エーテルの組成も最高のものです。高いエーテルほど強い力《エネルギー》を発しますから、その生命力も実に強大なもので、それは、低い境界の者には想像もつかない生命力を現わします。

日蓮上人が竜ノ口に於て斬首の刑に遭わんとした時役人の持つ刀が三段に折れて飛んだというようなことなども、決して造り話などではなく、日蓮上人ほどの高い生命エーテルならば当然その位のエネルギーを発する筈なのであります。

日蓮上人ほどの方でなくとも、人間というものが、自分ひとりだけのことを考えて行動する時には極く小さな人並みの力しか出ないのに、ひとたび多くの人々のためという大きな心で行動する時、実に驚嘆するような偉大な力を発揮して世の人を驚かす実例が屢々見られるのもこの原理のなす力です。世のため人のためという心を持つ時、その時の生命エーテルは菩薩界という高い次元にありますから、それに相応した強いエネルギーを現わすのであります。

我々が自分ひとりだけのことを考える時、その生命エーテルはそれだけのもので、従ってそれだけのエネルギーしか発揮しません。十人救おうと思えば十人救うだけのエネルギーが現われ、千人万人救おうと考えれば、千人万人救うだけのエネルギーが現われます。逆に、人を傷つけ損じてでも自分だけ利そうとか、それに類した低劣な言動は、自分の生命エーテルが足りなくなって、自分の生命力が不足して病気になったり怪我をしたりするようになるのです。自分ひとりだけの利益を考えるあまり、むさぼりの心を強く発した人間が、胃癌の因縁を背負ったり、自分だけが正しくて他はすべて誤りであると考えて他を強く批難したり憤ったりする人間が脳溢血の因縁に苦しんだりするのも、みなこの原理の働きであります。

また親がそういう行為、そういう心を持ったために生命エーテルが不足してくると、その家族、ことに子供のエネルギーを奪うという現象を起こすことがあります。そのために、その子供が弱って病気になったりするのであります。

私の家の近所に田中さんという方が居りますが、この方の六歳になる坊やが、時々、脳を病んで、ひどい時には「ヒキツケ」の発作まで起こすのです。或る日、また発作を起こしたということで、私の処へ相談に見えましたので、一応因縁を透視してみましたが、宿命的の因縁としてはそれほど強い脳の因縁も感ぜられません。田中さん夫婦にも、同様に脳障害の因縁はないのです。そこで、私が現在の田中さんの御様子を見てみると、この田中さんという方は、会社の労組の委員をされている位の方で、非常に頭が良いのですが、その反面、激しい性格の持ち主で、一旦こうと信じたら絶対に他の云うことは耳に入れないという頑固なところがあり、頭が良いから人の非がよく見えて年中他を批難するという癖があったのです。それで、屢々人と議論をするのです。それで、よく聞いてみると、前の日、田中さんが会社で激しい議論をして帰宅してみたら坊やが頭を病んで寝ていたのだということが分りました。そこでなおも聞いてみますと、大体ここ二、三カ月のことしかよく分らないけれども、兎に角、田中さんが会社で争った前後に限って、坊やの病気が起きていたということが分ってきたのです。それで、私が、

「貴方のそういう心、そういう行為が、大事な坊やの生命エーテルを傷つけていたのだから、それを改めるならば、坊やの発作も起こらなくなるでしょう」

と注意したのであります。ところが、そこがそれ我《が》の強い人でありますから、そう云う私の言葉を仲々すなおに聞き入れません。却って私にそんな馬鹿な道理はないと喰ってかかる始末です。坊やの枕もとで押し問答をしてもいられませんから、

「では、兎に角、田中さん、貴方がそういう心と態度で居るかぎり、今後も坊やの発作はつづきますよ。いくら名医が手当てをしても一時おさえで、すぐ出ますよ。坊やの発作を治したかったら、あなたのその心を改めることです」

そう云ってその夜は帰りました。

すると、その翌朝早く、田中さんが見えて、あれから坊やの熱が三十九度以上にもなっ

たので、医師に来てもらって注射をしてもらったが、どうも下がる気配がない、家内にも云われ、自分でもよく考えてみたら、先生の云われることにも心あたりがあるように思われるから、今後、先生のお教えを守るから、是非坊やの発作がなくなるようにお力を頂きたい、と、手をつき、涙を溜めて申されました。

「御安心なさい。貴方がそういうお気持になったら必ず坊やの発作も起きなくなりますから――」

そう云って、一緒にお経を上げて、今日は休むというのを、とにかく出社して前々日争った相手に頭を下げていらっしゃいと云うと、すなおに、そうしますと云って出てゆかれました。やはり親心というものはありがたいものだ、あれだけ強情我慢の田中さんが、坊やの発作を直してやりたい気持一杯で、前の晩にあれだけ我を張った桐山に頭を下げに来た。親はありがたいものだと感じ入ったのでありますが、その晩おそく私が他出先から帰宅しますと、家の者が、夕方田中さんが見えて、先生の云われた通り出社して争った同僚に詫びごとを云うと、同僚がびっくりして、一体どうしたわけだと云うので、こうこういうわけだと話して自分は今後絶対に争い事はしないつもりだと云うと、すっかり感心して、向うも詫びごとを云うし、しっくり仲直りが出来てしまった。帰りがけには坊やの見舞いにと寄って呉れたということで、もし先生がおられたら同僚にもおひき合わせしたいと思って伺ったと云って帰られた、との報告でした。坊やもこの日は熱が下がって、以来三カ月ほどになりますが、以前は一カ月にきまって一、二度発作を起こしたのに、一度も、頭痛すら訴えないでおるのです。

この田中さんの例はほんの一例で、こういう例は他にも沢山あるのです。

因と縁について

病気の話が出ましたから、病気という現象についてもう少し深く考えてみることにしましょう。

この世の中の最高原理は「因果の道理」であって、宇宙の現象は一切この因果の法則によって現われ消えておるのであります。

よく私が云うように、「蒔かぬ種は生えぬ」と同時に「蒔いた種は自分が刈らねばならぬ」のであります。およそ、この世界の事物、事象、すべてみな因果の理法に基づいておるのであって、これを離れて偶然に存在するものは何一つないのであります。即ち、因果の法則は「物に具われる存在の理由」であり、「人に具われる認識の範疇」であります。病気もまたそれらのあらゆる事象と同じように、この因果の理法によって現われる現象の一つに過ぎません。ですから我々はこの因果の道理を根本からつかまねばならぬのです。

現象界の因果関係が、空腹に飯を食ったから満腹した、喰べ過ぎたから腹が痛くなったというように、頗《すこぶ》る単純なものであるならば、俗に云う因果テキメンで、誰にも、なるほど因果の道理は恐ろしいものだと合点が行くのですが、世の中の事はそう簡単ではなく、複雑なる因果関係は無尽につながっていて、時間的には縦に過去久遠の昔より未来永劫の末に至るまで、空間的には横に十方の世界に周遍して複雑な関係に立っているのですから、この道理を、我々のごく限られた僅かな経験や認識の世界に於て見て行こうとしても、及ばぬことでありましょう。

しかもこの複雑な因果関係は、文字通り、因と果との関係ではなく、前にも書いた通り「因」「縁」「果」「報」の四つの間に関係をたどるのですから、なおさら複雑なものになるのです。因と縁とが結んで果報を生ずるので、因は縁を待って初めて果を生み、それに報が加わって果を完成するのであります。

分りやすく説明するならば、因があってもこれに縁が作用しないなら果は生じない。例えばここに一粒の籾《もみ》があるとします。この籾はやがて苗となり稲となり実を結んで米となる「因」を持っておりますが、俵の中にしまわれていたのでは、いつまで経っても芽は出ません。それが一度土地に置かれ、水や日光や、肥料などの「縁」を与えられて初めて、発芽するのであります。先年エジプトのピラミッド発掘で、約四千年前のものと思われる麦が十数粒掘り出されて、考古学界注目の内に栽培された処、立派に実を結んだという報道を聞きましたが、この麦粒は、縁を得られずして四千年という長い間を暗いピラミッドの中に因を抱いて眠っていたわけですね。

ですから、人はいかに良い因を持っていても、その因が芽を出し花を咲かせるような良い縁を自分が作り出さなければ、その良い因による徳、良い果報というものは自分の身に現われて来ないということになるのです。過去世に於て、縁覚、菩薩界というような良い境界に住めるだけの良い因を積んで持って生れてきたとしても、現世に於て、そういう良い因が芽を出すだけの良い縁を作らなければ、その良い因の芽の出しようがありません。

それと同じ理で、前世で如何に悪い業をなし、この世に悪い因を持って生れてきても、それをよく自覚してその悪い因が芽を出さないように、悪い縁を作らず良い縁のみを作りなしてゆくならば、悪い因はやがて消滅してしまうのです。地獄界、畜生界というような悪い生命状態に住むべき因を持って生れてきて、そういう悲惨な生活に生きていても、自分のそういう悪い因をよく自覚して、良い縁（生活）をしてゆくならば、それらの悪い因の動きは、次第々々に消えてゆくのであります。

もっとも、簡単にそう一口に云ってしまいますが、これを実生活上に現わすことは仲々困難なことで、「内に因あれば、外にこれを助ける縁あり」という言葉がある通り、悪い因を持っている人は、自然に、この悪い因が生活上に現われるように現われるようにと悪い縁が作用し勝ちで（原理篇二十一頁Aの場合参照）、ここに、自分の因縁をハッキリと自覚して、日々、この因に負けぬよう、良い縁を作り出す自覚に満ちた生活をしなければならない道理が存するのでありまして、そういう自覚した生活をすることが、本当の信仰生活というものなのです。

これについては、更に後章の「因縁転換の原理」に於て詳説いたしますが、病気という現象も、この因果の法則の働きで現われてくるものでありますから、その病気の現われる原因をはっきりと知って、それをただせばよいのです。要するに簡単な算術です。

例えば胃癌の因縁をかりに—《マイナス》8の行為（因）による現われ（果）と致しましょう。そういう行為を過去世にしてきたために、現世に於てその果を受けて胃癌になるという設定を受けているのですが、いまこの人を透視してみるにその因縁が非常に強く現われている。ということは、この人が生れながらに胃癌の因を持っていたというだけではなく、出生以来、この悪い因が芽を出すような良くない縁（心と体の生活）を作りなしてきたということを意味しているわけです。で、要するに、この人は、過去世からの良くない生命状態を、無自覚にだらだらと延長させているというに過ぎないわけです。この人がこれを自覚して、今までの悪い縁を改めると同時に、過去世になした－《マイナス》8の悪い因を消すだけの良い縁、つまり＋《プラス》8に当る徳の行為をなすならば、プラスマイナス、イコール、ゼロで、この悪因は消え、胃癌の因縁はなくなるわけです。

もちろん、実生活に於ては、この算術の式のように簡単には割り切れません。前に述べたように、自分の因縁が変るということは、生命の波長の周波数が変ることであり、歯車の廻転数が変ることですから、実生活の上には、一時的になんらかの変動となって現われますが、その動きは、その因縁の変るための動きですから、喜ぶべき現象であります。

ところで、いま挙げた例は、その因が過去世に於てなされていた場合でありますが、もちろん、この因が現世に於てなされている場合も少くありません。この場合にも、この原理によってその因縁の転換消滅がなされます。もっとも、現世に於てなされた因の場合にも、深く、よく見るならば、現世に於てそのような因をなしたのも、結局は、過去世に於ける因果が遠くその原因をなしていることが多いのです。

四種業報と四報定不定

仏教では、これら因果の道理の働きを、四種類に分けて見ています。

「四種業報」というのがそれで、

一、「順現法受業」と云って、若い時は極く貧乏であったけれども、心がけよく一生懸命に働きよく倹約をなしたので、年老いてから富豪の喜びを得たとか、又、若い時は富豪であったけれども、放蕩三昧に日を送ったので、年老いてからは貧乏な生活に泣いているとかいったように、現在の世になってからなした善悪の所作行為に対して直ぐ現在にその果を受ける場合。

二、「順次生受業」と云って、現在に於て随分悪いことを重ねているけれども現在なんの報いも受けないというように、現在テキメンにその果を受けないこともある。これは次の生に於てその果を受けるのであります。

三、「順後次受業」と云って、現在の行為に対する報を、次の世に於ても受けないで、その次の世で受けるか、またその次の世で受ける場合。

四、「順不定受業」と云って、報を受ける時期のいつと定まらないのと、受報のほどをそれと決定しがたいのとありますが、これは、放蕩三昧に金を湯水のように使い散らしても一方に於て儲けてゆけば決して減らないごとく、いま一つの悪いことをしてもそれを懺悔して消すだけの善因善行が積まれたならば、その悪の報を受けずに済むのです。尤も、これでは、賽の河原で石を積むようなもので、積んでは崩し、積んでは崩して、いつまで経っても現在の境界以上の境界に行くことは望めません。またこの反対に、一つの善いことをなしても、悪業が多ければ悪果が強く現われます。

また、

「四報定不定」と云って、

一、「時定報不定」即ち業の報いを受ける時は定まっているが、如何なる種類の果を受けるか不定のもの、

二、「報定時不定」即ち受ける果報が定まっていて時の定まらぬもの、

三、「時報倶定」即ち時も報も一定しているもの、

四、「時報倶不定」即ち時も報も不定のもの、の四つがあります。

以上のような形をもって、この因果の理法は現われるのです。そうして、これらの果報が何によって現われるのか、その大本はというと、「一念三千」の理の通り、折にふれ事に当って自分が発した一念《こころ》が、縁をつくって、これらの果報を招来することになったのでありいます。然らば、すべての根本は、自分の一念《こころ》にあるということになるのでありますから、先ず第一に、自分の因縁を心に自覚するということが肝心なのです。

「空」と「無」とは違うということ

「一念三千の論」あるいは、「三界は唯心《ゆいしん》の所現（この世の中の事物はすべて心の現われであるということ）」という言葉は、みな、この道理を説くものであって、自分の現在の果報、すなわち現在の自分の境遇というものは、ことごとく自分の心の現われであるというのでありますが、この一念《こころ》は、因、縁、果、報という順序で我々の上に現われてくるものであることは前章に説く通りであります。

三界は唯心の所現ということも、一念三千の理も、みな、因果の法則の上に立って動いておるのであり、因果の法則にのっとって現われてくるのであります。

ところが、三界は唯心の所現ということを、その言葉のとおりに解釈して、この因果の法則を無視するような説をなす人がおりますけれども、これは間違いでありますから注意しなければなりません。

たとえば、「生長の家」教団の谷口雅春氏は、『生命の実相』、その他の著作に於て、

――物質は本来「無」い。心がその物質を「有る」と見たときその物質は現われるのである。心が無いと見れば一切の物もない。三界はすべて心の現われである。だから心次第である。肉体も物質であり、病気も肉体という物質に現われる現象であるから、心が病気を認めさえしなければ病気も無くなるのである。

という意味のことを説いておられます。私は、谷口氏を尊敬しまた生長の家の業績をも認めるに吝《やぶさ》かではありませんが、この所論は間違っておりますので承認出来ないのです。そうして慈恵会の説く因縁論の中の「心」に関する箇所でまぎれやすくなるので、一応とり上げておきます。

谷口氏の云われる「心」はたしかに一念三千の一念に当るもので、すべての事象の因《もと》に

なるものです。けれども、この因になる心がすぐそのまま現象となって我々の上に現われると考えることはあまりに単純すぎる考え方です。なるほど我々は我々の心の持ち方如何によって、この三千世間のどの境界にでも住むことになるのではありますけれども、一念という根本因がすぐそのままに果となって現在の境遇を作り出すものではありません。心という因が果を現わすのには、その間に「縁」という中間作用が働かなければ成り立ちません。

谷口氏は、

「因縁因果ということも誤った想念《こころ》のえがき出す影である。物は因縁によって現われるのではなくその人の心が生みだすのだ。因縁因果も心が無いと思えば無くなる。有ると思うから、因縁が生ずるので、絶対無いと悟れば消滅する。心を転換すれば因縁も無い」

という意味のことを云っておられるが、それならば、――誤った想念《こころ》が誤った不幸な環境を招来した――という、その誤った想念《こころ》を何故その人が持つようになったのか、という根本原因をどう考えたらよいのか、ということになるのです。

その人が病気という現象を起こすのは、病気になる因、縁がある故に、病気という果を招来したのであると説く慈恵会の考え方に対し、

――病気は因縁因果の所生ではない。心が病気という幻影を見る故に、肉体にその想念《こころ》の影が現われたのである。だからその想念が間違いであるという真理を悟れば直ちに病気という影は消える――。

と谷口氏は説きます。

けれども、少し深く考えるならば、この所論が、因果を否定しておりながらやはり因果の順を追っているのがすぐ分るのです。いま、仮りに、谷口氏の云う通り病気が無いものであるとして、その無い筈のものをその人の心が有ると思うようになるのには、勿論そうなるだけの原因がなければなりません。そうしてそのような間違った考えを心が持つと同時に、その「因」に相応した縁が働いて、現在の、病気になったという果が現われてきたのであります。我々は、心に病気の存在を認めたからと云って必ずその病気になるものではない。縁が働かなければ病気という現象は起こらない。そういうことで、やはり因縁果報という順序を経て病気という現象が現われてくるということを否定出来ないのです。従って、こういう現象を転換させるには、谷口氏の云うように、「心」を転換させればそれでよいというわけには行きません。もちろん、その果を招いた因であるところの心を変えなければならないことは云うまでもないことですけれども、それと同時に、そのような縁をも作りなして行かなければならないのです。

即ち、悪い果を生じた悪い心を転換するという新しい良い「因」を作動《さどう》すると同時に、その良い因を助長し、良い因が芽を出すような良い「縁」が現われるよう、自分の生活をその方向に向けて行かなければならぬのです。因縁果という順序で現われた現象ですから、やはり同じように因縁果の順を追って転換してゆくよりほかないのです。

よく、物質本来無しなどと、仏教で云う「空《くう》」と混同して説く人があるのですが「空《くう》」と「無」とは全く違うのです。間違えてはいけません。物質は「空」である、と説くのが本当で、物質が「無」であるなどと説くのは、「空」と「無」とを同じように考えるという間違いを犯すものです。尤も、物を「空」と考えるには、その根本に因縁の法則というものを立てて初めて成り立つものであって、因果の法則を否定する谷口氏が「空」と「無」とを混同して「物質無」といきなり断定する誤りを犯すのは当然で、これは、一番の大本に、因果の法則を否定するという根本的な間違いを犯しているからその結果としてこういう間違った結果になるのです。

無からは、何がどうしたって現われよう筈がないので、空《くう》であるからこそ、その条件（縁）の如何によって物が現われてくるのです。空というのは、無というのではないのであって、この世の存在はすべて空であるというのは、この世にある如何なるものもこれといって決定づけられた本体というものは持たず、その時の条件（縁）によってどのようにも変化するものであるから、これを「空」と名づけたのです。つまり、水というものがある。では、水というものは永久不変の本体、実体であるかと思っていると加熱するという縁を与えれば、湯になる。冷却するという縁を与えれば氷になる。放っておけば、いつの間にか蒸発して姿を消す。姿を消したからといって無くなったのではない、エネルギー化して空間エーテルに還元しただけなのだが、兎に角そんなわけで、結局、水などと云っても水というものは「無」いのじゃないか、いつも変ってばかりいる。水というものは無いのだ、とこう考えようと思っても、決して丸っきり無いわけでもない。湯になり氷になり蒸気になって形が変ってしまうけれども、変るべき何ものかがある。けれどもいつ変ってしまうか知れないものだ。だから、「有」でもなし、「無」でもなし、「空」だ、ということになったので、すべてのものは、因縁果報という順序で、移り変っているものに過ぎないのだ、という考え方のもとに成り立っている言葉です。私も空《くう》、貴方も空《くう》、因果の道理の法則によって、私は私としてこの世に生じ、貴方は貴方としてこの世に生じている。そうして今後も、この法則の働きのまま、自分のなす因、縁によって色々な果報を受けながら、幸福、不幸、それぞれに生きてゆくということです。

だから、空と無とは似ているようだが丸っきり違う。間違った考えからは間違った結果しか生じて来ない。よく実相をとらえなければいけません。

谷口氏は、仏教の説く因縁因果の論はあまりに暗すぎる。生長の家はこの罪業感を解放する明るい宗教である。人間は元来仏になるべき因を持っているのであるからなんの罪業も犯す筈はない。罪業感を捨てて仏の子としての自覚を持てば病気も不幸も消滅する——。

と云いますが、たとえ因果の法則を知ったから暗い罪業感を持つようになったと云っても、それが真実であるならば、知らなければなりますまい。命にもかかわる重い病気を、それと告げては暗い気持になるからといって、なあに軽い病気だ、明日にも起きられるよ、などと気休めを云って聞かせているようなもので、真実を求めて真剣に生きようと求道する人々に、無用というより有害な考え方と云わねばなりません。

それと、罪悪感を直ちに否定するのは宗教と云いがたいものです。一切の罪悪なし、罪業なしと説くことは、たしかに人の心から暗いものを取り去りますが、同時に正しい信仰を持つさまたげともなるものです。すべての宗教の第一歩は懺悔であって、懺悔のないところ正しい宗教ありとは云いがたいものです。

仏教では空有一如《くううういちによ》の世界と云う。如《によ》の世界にのみ因果の法則があり、同時に因果を超えゆく道があるのです。もちろん、罪の固執《こしつ》は真の罪の自覚でもなくまた救済への道ではありませんが、罪の全責任を素直に認め、これを懺悔することなくして、どうして罪からの解放、因縁の転換があり得ましょうか。

因縁転換の原理

我々の現在の境界が、過去からの因縁によるものであるということはよくお分りになったことと思いますが、問題は、それでは、この因縁というものは変えられるものであるかどうかということであります。

これは、悪い因縁を持っている人、すなわち良くない境遇にある人にとっては、実に切実な問題です。中には、不幸な人生を宿命であるとあきらめてしまって、もう変えられないものと考えている人もいるし、それではいっそ死んでしまおうなどと考えて自殺をする人などが出て来ます。けれども、死んでみたところで生命というものがなくなるわけのものではなく、ただ休息の状態に入るだけで、それも、休息の状態に入っても断末魔の苦痛から容易に抜け切れず、その上、次の活動の期間に入る際にも、前世で命終った当時に在ったと同じ低い悪い境界に生じてきますから、苦痛から逃れようとする自殺という行為は、無意味というより、むしろ有害であるということになってしまいます。では、それならば現在の人生がどんなに苦しくあろうとも、業《ごう》が尽きこの世の生命が終るまで、喘ぎながらでも歩きつづけねばならぬのか、ということになります。

そういう考え方をする宗教もないではありません。

浄土宗の法然上人が、重病に苦しむ人に宛てた手紙に、

——病気をするということは、一つの業が表面に現われるという現象であって、病気をすることによって悪い因縁が消滅しつつあるのである。だから病気の時には安んじて病気をせよ、病気の時には病気をするのが宜しく候。

と云っております。これはまさしく真理ではありますが、業のままに、因縁のままになっておるのではこれは困りものです。なるほど、現世は過去世の因縁の現われであるから、どんな苦しい目に合ってもそれはその因縁のなすわざで、苦しい目に合うということによって前世の悪い因縁が消えてゆくのだから、安んじてそれらの苦しみを受け、アミダ様を念じて来世は仏界に生れよう、という考え方もいちがいに否定は出来ませんが、現世は過

去世の「果」ではあるけれども、同時にその果を受けてなすもろもろの行為が、また将来の「因」をなすものですから、つまりは、この考え方は成り立たないことになるのです。また、成り立っては困りますね。病気のうちはいいけれども、強盗に殺される因縁を持つ人に、お前は強盗に殺される果を受けているのであるから強盗に殺されろ、それによってその悪い因縁が消滅するのである。殺されるが宜しく候。

これじゃあ困る。

また、お前は強盗に入って人を殺し、死刑になるという因縁だ。強盗に入って人を殺せ。殺すが宜しく候。

これじゃあなお困る。

これは、やっぱりその因縁を受ける前に転換してしまわなくちゃならぬ。そうして、転換し転換しして一歩一歩よい境界にと進化していって仏界に入るのでなくちゃならない。

現在の境遇も、因、縁、果とつづいて出てきたものであるから、これを逆にたどることによって、ひっくり返すことが出来るのです。これを理論的に詳しく説いたのが、仏教の「十二因縁の理論」であります。これは、この次の機会にお話し致しますが、要するに、一番の大本は自分の「心」だ。自分の心が因をなし、縁をつくって、現在の果を受けているのだ。だから先ず第一に、心が自分の因縁をはっきり自覚することです。

自分に胃癌の因縁がある。何故か。過去世に、人を傷つけ、人を泣かせて貪欲な行為をしたから、そういう因が生じたのだ。現世に生れてもどうもそういう心が直っていない。人に損をかけても自分だけ利益があればよいと考えている。そういう現世に於ける考えや行為が、過去世の因の現われる縁をつくりつつあるのだ。だからすべての現象が胃癌とい う果の現われる方向へ動いている。どうしたらよいのか、簡単です。そういう因が芽を出せないような縁をつくることです。縁とは現在の生活の状態です。心の持ち方も、生活の仕方も、すべて縁です。これを今までと変えることです。変えない限り、過去からの引きつづきとして現在があり、未来が生れる。現在の自分が変れば、未来の自分も変ってくるのは当りまえの話。

そうして縁を変えると同時に、その因を消さにゃならん。因を消すにはどうしたらよいか。なに、わけはない。因と反対のことをすりゃ消えて失くなる。右の方へ曲った鉄の棒を真ッ直ぐにするにはどうしたらよいか、左の方へ、曲ってる分だけ曲げれば真ッ直ぐになる。それと同じことで、人を泣かせただけ人を喜ばせりゃあよい。人からむさぼっただけ人に返しゃあいい。世の中から奪っただけ世の中に戻しゃあいい。

脳溢血の因縁、自分だけが一番えらいと思っている人間だ。自分だけが一番正しくて、自分が一番えらくなっていなくちゃ気が済まない。うわべは人を立てていても腹の中では人を批難ばかりしている。蔭に廻って悪口を云う。人をかきわけても前に出る。少しよい事をすれば鼻にかける。――少し頭を下げること、頭を下げれば血圧も下がる。

こういう道理が、人間どうも分らない。分らないのではない。分ろうとしないのです。分りたくないのです。

なぜならば、欲があるからです。欲があるから分りたくない。それでなんとか彼とか理くつを云う。欲とは何か。自分にとらわれる心です。この道理が分って呑みこんだら自分を変えなきゃならなくなる。物や金をむさぼっていた人間は、物や金を返さなければならなくなる。そりゃあ勿体ない、惜しいね。せっかく自分のものになったんだ、人にやることはないじゃないか。このままで因縁だけよくなる工夫はないだろうか。広い世の中だ、そういう信仰もあろうじゃないか。

これじゃあ話にならない。

人に頭を下げたくない人間は、もともとそういう因縁がある人間だから、そう云われたってなるほどと直ぐ頭なぞ下げる気になりっこはない。自分が一番えらいと思っている人間だから、人の云うことなぞ聞きっこない。理くつばかり叩いている。業《ごう》の深いやつは、その挙句に脳溢血になって中気にまでなってもまだ威張っている。

欲が深いというのは、なにも金とか物とかにこだわるばかりが欲ではないので、自分だけ、という「我」にとらわれることはみな欲なのです。金や物に限ったことではない。地位も名誉も知識も、みな「我」にとらわれているのは欲です。この欲が捨てきれないから、この因果の道理を認めたくない。根本に、欲が働いているのです。

だから、昔からどんな宗教だって、まっとうな宗教だったら必ず「欲を捨てろ」「我を捨てろ」と云います。どこの世界に、欲をかいて、その上俺が一番えらいのだ、とふんぞり反っていていい果報がくるものか、悪い因縁が良い因縁に変るものか。

そんなことは、今さら私がここで云う必要はない、みんな知っている筈なんです。それが分らんというのは、分りたくないのだ。先に云ったように、分ると損するから分ろうとしないのだ。

そんなことじゃあ、未来永劫にわたって人間世界の苦楽から離れることは出来ん。

この世に生れてから一度として欲とく離れて人のためになるとか、世のためになろうという考えなぞ起こしたことなく、人の世話厄介になりっぱなしの人間が、その根性《こんじょう》を改めるどころか反省ひとつせず、へ理くつを述べたてていて、それで、当然背負っている悪い因縁を良い因縁に変えようなどと考えても無駄なこと、そういう人間は、もう二、三回人間世界に生れてきて、骨身にこたえる苦しみを味わって、へ理くつを云う糞元気がなくなってから来るがいいのです。もう二、三回も世の中を歩いてくれば、もう少しものの道理も分る人間になれるでしょう。

先ず「我」という自分にとらわれる心を捨てること、これが因縁転換の第一歩です。「我」とは何か、それは自分にとらわれる心です。これがあらゆる欲の大本です。

ところで、それでは、そのとらわれている自分、「我」というものは一体何か、自分とは何か？　自分という本体は何か？　考えてみると、なんにもありはしない。自分としてここに座っているものは、過去何億年の昔から色々な縁に触れてここまで進化してきた生命の結果が座っているだけで、いわば、因縁の結果が自分だ。即ち、自分とは、因縁の現われなのだ。その因縁の現われ、因縁の固まりが因縁を変えようというのは、つまりは自分を変えようということになるのじゃないか、因縁を変えるということは自分が変るということだ。それだのに、自分をしっかりかかえこんで離さずにいて自分が変えられるか。

着物だって仕立て直しをする時には脱がなきゃならぬ。どこの馬鹿が、着たなりで着物の仕立て直しを頼むやつがあるか。

自分が、自分が、と自分にとらわれているということは、自分の因縁にとらわれていることだ。自分のこれまでの因縁をしっかりとかかえこんでいてそれで因縁の建て直しが出来るものかどうか。

先ずかかえこんでいる手を離せ、とらわれている自分から離れろ。「我」を捨てて空《から》になれ、それが先ずこれまでの因縁から離れる第一歩だ。

昔、禅宗の名僧と云われる坊さんに、或る学者が弟子入りを願い出た。

すると坊さんは何も云わずに、二人の前に、なみなみと水をたたえた一升桝に、灘の生一本の銘酒を入れたヒシャクを添えて運びこませた。そうして、さて学者に向って、この一升桝に酒を注げと云うのです。

学者が、これに酒を入れてもこぼれますがと答えると、坊さん、

「それなら、これではどうじゃ」

と矢にわに一升桝の水を庭にぶちまけた。

と、これを見て暫《しばら》くの間じっと考えこんでいた学者が、はッと頭を下げて、

「よく分りましてございます」

と答えたという話がありますが、いずれこの人も名のある学者であったのでしょう。その心は、坊さんから見るならその学者は今までの学問や知識で一杯になっている。つまり自分というもので一杯だ。それは丁度水を一杯たたえた一升枡と同じことで、何を入れようとしたってこぼれるばかりだ。空《から》にせよ、空になって来いというわけです。要するに、我を捨てて来いと云ったわけです。

昔、天理教の教祖は、学者もの知りあと廻し、と云ったそうですが、なにも文字通り学者もの知りというのではなく、我を捨てにくい人に教えの説きがたいことを云ったのでしょう。

悪い因縁とは、長い間の雨風地震に、がたがたになった古家です。これを建て直すのには先ずこのつぶれかかった古家をとり除けにゃならぬ。この、挨りだらけの、しみだらけの、ペンペン草の生えている古家に執着していたのでは、いつまで経っても建て直しは出来んな。その古家に心のこりがあるのだったら、まあまあ建て直しは当分止めにして住んでいることだ。建て直した良い因縁の家に住もうなんて了見《りょうけん》は止めときなさい。

宗教と道徳

仏教の要諦は、一口に云うなれば、
諸悪莫作《しょあくまくさ》（もろもろの悪をなすなかれ）
衆善奉行《しゅぜんぶぎょう》（いろいろの良いことをせよ）

という八語に尽きるのです。これだけのことを心がけて実行していれば、自分の悪い因縁が転換され、やがて仏界の生命にまで進化してゆくわけです。仏典七千巻と云い五千巻という莫大な経典も、帰するところはこの八語を行うところにある。あとの莫大な文字は、ことごとく（こういうわけだから）という説明です。この本にしたところで、要は、この八字を呑みこんでもらうために、色々な道理を書き立てているわけです。

と云うと、それは、悪いことをしないで良いことをしろということだ。なんだ、それでは道徳と同じことを云っておるのじゃないか、それでは道徳も宗教も同じことか、それなら我々は子供の頃から耳にタコが出来るほど聞かされていることだから、いまになって宗教として聞かされるまでもない。それと同じことならば、なにも毎朝眠いのを我慢して早く起きてお経を上げることもないのじゃないか、道徳と同じことだったら、一体、なんのために観音さんを拝むのか、道徳だって、悪いことをしないで良いことをしていれば悪い因縁が転換する、というのなら、なんで宗教というものがあるのだ。道徳だけで結構じゃないか、ということになる。

これはよく出る質問です。

先日も或る集会で、そういう方がありました。頭もあり、地位もある仲々立派な方ですが、

「桐山さん、私は別に特定な宗教も持たず、これという信仰もしておりませんが、私は、常に悪いことはせず、良いことをしようという信念を持って毎日一生懸命働いています。これが私の信仰です。だから、別に宗教や信仰の必要もないのです」

と云って、暗《あん》に知り合いの人からすすめられたから出席したのであって、自分は宗教や信仰に入らなければならぬほどの不心得者ではないという調子でした。

それで、私は、

「それはまことに結構なお心がけです。まことに御立派なことで、その信念で結構です。私なぞはお恥ずかしいことながら、とうてい自分ひとりの力くらいでは、いくら悪いこと

をしないで良いことをしようなぞと考えてみてもとうてい出来ないのです。私のような悪い因縁を背負って生れてきている人間は、良いことをするどころか、せいぜい悪いことをしないでいることが精いっぱい、いや、それさえ、ともすると悪いことをしなければ生きて行けそうもない瀬戸ぎわに落とされそうになること度々です。とても自分の力なぞでは進歩も進化も考えられない。何か、自分を導き助けてくれる力がないかぎり、駄目な人間なのです。悪いことをしないで良いことをして生きている、とはっきり断言出来る貴方がまことに羨ましい」

と申しますと、その方はそれきり何も云われず、集会が終ってから私の前に手をついて、慈恵会の信仰に入れさせて頂きます、と申されました。

道徳と宗教はどう違うか？

結論を先に云うならば、道徳の終点が宗教の出発点なのだということです。

悪いことをしないで良いことをせよと道徳は云うけれども、道徳が、悪いことをするなと呼びかける相手は一体誰か？　それは云うまでもなく我々の心に向って云うわけです。ところが考えてみるまでもなく、悪いことをしようとする主もまた外ならぬその心でありま す。悪いことをしようとする主に向って悪いことをするなと呼びかけるわけですからその効果は非常にむずかしい。泥棒しようという張本人に泥棒をするなと呼びかけるわけですから、張本人が素直にハイと聞きわけりゃあよいのだけれども、もしも、ハイと云わなかったら問題だ、どうにも手がつけられぬ。ここに道徳というものの限界があるわけです。心の限界が道徳の限界になっているわけです。

我々人間には、人間としてどうしても背負わなければならぬ業《ごう》がある。例えば、人間として生れたからには、乞食でも、天子でも、悪人でも聖人でも、どうしても一度は死ななければならぬ。これは人間全体、人間として生れたからには必ずつきまとっている宿業だ。これを、「本具《ほんぐ》の業《ごう》」と云う。食欲、性欲などもこの本具の業に入るわけですが、この食欲性欲のほかにも色々と欲があります。それは色々あるけれども、これを大別すると、「見惑《けんわく》（理惑）」と「思惑《しわく》（情惑）」の二つに分けられます。

見惑というのは、道理を知らないか、道理に暗いところから生ずる間違った行為で、思惑は、道理をよく知り、間違っている、悪いことだということを充分知りつつする悪い行為であります。

道徳というものは、前者の見惑には、力を発揮することが出来ますが、後者の思惑には全く無力です。宗教の必要が生じてくるのはこの思惑に対してなのであります。

人間、馬鹿か狂人でないかぎり、泥棒や人殺しが悪いことだという位、知らない筈はありません。別に、道徳といってことさらに教えこまれずとも知っている筈です。充分知りつつ、泥棒をし、人殺しをやっているのです。こういう人々に、それは良くないのだ、止めろ、と云ったってなんにもならぬ。彼らは、それ位云われなくとも知っているのだ。知っているのだけれども、やらずに居られなくてやってしまうのです。理由は色々あるでしょう。やるのが愉快でたまらなくてやる人間、やらなくては生きてゆけないのでやる人間、いずれにせよ、道徳だけでは駄目なのです。

これはなにも泥棒とか人殺しとか、悪い方のことばかりに限ったものではないのであって、衆善奉行の方にもあてはまることです。良いことをしなければならぬと充分承知をし、良いことをしようと心がけても、仲々良いと思うことが出来ない。

では、宗教は、この思惑という道徳では手におえないものに対してどう働きかけるのか。

一口に云えば、信仰によって自分に一つの力が加わって、悪い行為が出来なくなるのです。道徳の場合は、自分の悪い行為を制御するものは自分の心の働きだけでありますが、信仰の場合には、他から別な力が加わって、色々と条件が変ってくるのです。

例えば、私が、自分の持つ悪い因縁を転換して、良い幸福な人生に入りたいと願って、御本尊の観音さんを信仰する、そうすると、どういうことになるか？

私が朝晩お経を上げて一心に観音さんのお力を頂こうと念じている。その心が通ずると、色々と悪い因縁を転換する条件が揃ってくるようになるのです。

悪い因縁を転換する、先ず第一の条件は何か、それは今までの自分の心を転換することです。今までの「我」を捨て、「欲」を捨てて、今までの自分とは違う人格に変ることです。そう、その通り、私もひとりでに変ってきます。（変らない内は本当の信仰じゃない）

先ず人を見る目、人生観、世の中を見る心、社会観が次第に変ってきます。例えば、今までの悪い因縁のために、自分が間違っていながら自分は少しも悪くないのだ、相手がみんな悪いのだ、と高ぶりや修羅の心をもって人に接し世の中に対してきた心が、観音さんのお力が加わるために大きく変って、それらはみな、自分の方に原因があるということを悟らされて参ります。これは当りまえなことで、今までは悪い因縁の現われのままの自分（の心）がそのまま直接周囲と相対し、触れていたのが、今度は観音さんという大きな力が、その間に介在するようになったのですから、自然そうなる道理です。つまり、今までは過去の悪因縁という乱視や近視の正常でない目で見ていたのが、今度は、観世音という正しく良い眼鏡を通して見るようになったのですから、自分自身をも、周囲をも、歪まず正しい本当の姿で見られるようになるわけです。そうして心がそのように変化すれば、行動もまた自然と変化してくるのは当りまえでしょう。

この、心の変化が先ず現われます。

こういう変化が、観世音の信仰によりひとりでに起きてくる。これを、経文には、

「梵王《ぼんのう》の身を以て得度すべき者には梵王《ぼんのう》の身を現じて法を説き」

と説明しております。

梵王とは、色々の欲に迷って良くない行為をしようとする人を制して、そういう悪い行為を止めさせてしまう力を持っている神です。これは決して梵王という木像や画像にあるああいう形をした神がどこかに居て、それが忽然と飛んできて力を出すというのではなく、そういう一つの力がこの宇宙に存在しているわけです。その大本が観世音と名づける大きな力で、私が悪い因縁を転換しようと思って観世音を一心に信仰しながら、それでいてまだ至らぬ人間ですからその一方で良くないことをしようとする心がひょっと起きる。これはいけない、ということで、感応した観世音は、桐山には現在梵王という悪いことをしようとする心を押さえる力が必要である、というので即座にその力を応現して桐山に作用す

る。そしてその力で、私が一度は悪い心を起こしたけれどもまた、後悔の心が湧き起こってきてその悪い心を捨ててしまうということになるか、或いはまたその力で私の環境を変えてしまうか、その時の状態によって、この梵王の力は様々に現われる。例えば、一人の良くない男が私のところにやってきて、

「どうだい、桐山君、こういう手形があるんだが君の知り合いのところで割って現金にしてくれないか、割ってくれたら二、三割の謝礼を出すよ」

と云ったとします。私もどうもその手形というのが筋の良くないもののように思われるけれども、謝礼の金につい目がくらんで、それではと云うので心当りに交渉してみる。先方は信用して現金にしてくれると云う。そこで、どうも悪いとは思いながらその男に手形を持ってくるようにと連絡をする。この男が手形を持ってきたら一緒に行って現金化して、謝礼を儲けるつもりなんだが、約束の日時になっても、待てど暮らせどその男が現われない。その翌日も姿を見せない。で、とうとうこの計画は流れてしまう。私は、一時、儲けそこねたような気がするでしょうが、どっこい、ここでこの金を儲けていたら大変なことになる。とんでもない悪い因縁をつくることになったでしょう。

その男が来なかったのが観音さんの梵王の力。

その男も来る気持ではいたのだが、どうしても来られない事情が起きてしまった。急いで来る途中、自動車にはねられて怪我をして来られなくなってしまったか、或いは他に儲け話が出来てそっちへ行ってしまったか、それはまたその男の因縁次第、どっちの原因で来られなくなるかは別として、兎に角、どうしてもその男は来られない事情が起きて姿を現わさないということになる。従って私も悪い因縁をなさずに済むわけです。

このように、悪にまきこまれぬように梵王という力を現わして下さると同時に、また、悪におかされぬように守って下さる力も現われます。

即ち、

「応《まさ》に大自在天の身を以て得度すべき者には大自在天の身を現じ」

とあるのがこれで、大自在天とは、悪におかされようとする危機を防いで下さる力です。

これも梵王と同じように、こちらの事情境遇の如何によって働きかけます。

例えば、私が商売でもしているとして、誰か悪い奴が私をだまして金を取ろうと考えて店にやってきます。だが、その都度、私は自然によそに用事が出来て留守になります。二度三度、重なる内に流石《さすが》の相手もいつも留守なので終いに来るのを中止し、私は被害をまぬかれるというように、大自在天の現われです。

次に、悪因縁を転換するには何が必要か。

良いことをして徳を積むことだ。

これもまた道徳で教えられていることであって、誰だって知っていることです。けれどもこれも思惑と同じことで、良いことをすれば良い果報があること位知っているが、さて、これを行うということは仲々むずかしいことであります。しかし悪い因縁をなくするためには、どうしても良いことをしなければならぬ。

観世音を信仰していると、このむずかしい、良いことをするという行為が、決して、むずかしくなく、苦しくなく出来るようになるのです。

これをお経で見ると、

「帝釈の身を以て得度すべき者には帝釈の身を現ず」

とあります。

帝釈とは、帝釈天と云って、人間に、十の良いことが出来るようになる力を与えて下さる神であります。即ち、十善と云って、

一、不殺生、二、不偸盗《ちゅうとう》、三、不邪淫、四、不悪口《あっく》、五、不両舌、六、不妄語、七、不綺語、八、不貪欲、九、不瞋恚《しんに》、十、不邪見

の十の善行が苦しまずに出来るようになる力を与えて下さるのです。この力を頂いて、善いことをし、その功徳と功によって悪い因縁を転換するわけです。

悪い因縁を転換するためには善いことをしなければならないと云ったって、その善いことをするために、別に死ぬような苦しい目に合わずともよい、というのが観世音信仰の御利益なのです。

これが観世音信仰と他の信仰の違うところです。

多くの宗教が、因縁を転換するためには、幸福を得るためには、難行苦行しなければならないということを云っています。

例えば、〇〇〇会という法華経信仰の団体では、人にいやがられれば、いやがられるほどいい、憎まれれば憎まれるほどよいのだと云ってその会の信仰を強制して歩いています。ですから、その会の人の中には、よその家へ行って神棚は焼く、位牌は投げ出す、悪口は云うで、本当に、その人の望み通り、いやがられ、憎まれて鼻つまみになっている人が少くありません。ところが、そのいやがられ憎まれることが過去世の業の現われで、これによって過去世の業が消滅するのだと喜んでいます。その人はそれで本望かも知れませんが、私だったら、世の中の人にそれほどいやがられたり、鼻つまみになって憎まれたりする位だったら、過去世の業のまま病気にでも、貧乏にでもなった方がよいですね。

自分が幸福になるために、多くの人に不愉快な思いをさせるのはよくないでしょう。もちろん、正しい信仰を人にすすめて人を救うということは大切なことで、善いという行為の中でもこれにまさる善事はないとされておる位でありますけれども、程度を越してはいけません。

観世音信仰は、人にいやがられるというような苦しい目に合わなくとも、人を救うという力を与えて頂けるのです。

例えば、私の近所に、主人が失業した上に病気になり、小さい子供を何人かかかえて非常に困っている奥さんがいるとします。いまここに五千円のお金があれば、それを資本にして或る仕事を始めることが出来、なんとか生活してゆけるメドがあるのだが、どうしてもその金がない。このままでゆけば一家心中よりほかない事情だ。この家族を助けてあげれば、これにまさる善事はないのだが、私には到底それだけの金はない。こういうとき、観世音は必ずその善事をなすことが出来るだけの力を与えて下さるのです。それも、決して、あちこち飛び歩いて、恥ずかしい思いをして借金して歩くこともない。前に人に貸しておいた金が不意に返ってきたとか、思いがけぬ仕事を頼まれて不時の収入があるとか、必ずそれだけの金は出来るのです。そうして、その結果は、その善行によって悪い因縁が転換してゆくから、今までの境界《きょうがい》より上って良くなる。世俗的にいえば、五千円出して、三万円にも五万円にもなって返ってくるということになる。あながち、金で返ってくるとばかり限らないが、必ず境界が上って、前より良くなるというわけです。決して、ただ善いことをしたという自己満足ばかりじゃない。

因縁転換した清水の次郎長

それについて、私がいつも思い出す話がある。

講談の清水の次郎長の若い頃の話です。

次郎長という人は、御存知の通り、幕末から明治にかけての大親分ですが、あの人も、決して生れながらのやくざではなかったそうで、稼業は、親の代からの米屋。二十歳頃まては、次郎長も実体《じってい》に米屋稼業に精を出していたそうです。それが何故やくざになったのかと云いますと、これには一寸面白い事情がからんでいるので、次郎長が二十歳前後の或る日のこと、店さきで米を搗《つ》いていると、表に一人の坊さんが立ってお経を読み始めた。

次郎長も、丁度時分どきで一休みしようかと考えていたところですから、いい機会《しお》に手を休めて、店さきに出て幾らかのお鳥目《ちようもく》を坊さんに手渡した。

すると、その坊さんが、網代笠の中から、じっと次郎長の顔を見て、

「ああ、これはいかんな」

とひとり言のように呟きます。

次郎長、別に気にもかけずに店に入ろうとすると、

「ああ、お待ちなさい」

と呼び止める。

「坊さん、なにか用かね」

と不思議そうに次郎長が問い返すと、

「あんまり気の毒だから教えて進ぜる。わしは些《いささ》か観相をたしなむ者だが、いま、お前さんの人相を見るともなしに見たところ、三年後に死ぬという相がはっきりと出ている。元来、人の死期というものはみだりに洩らすべきものではないのじゃが、かと云ってこれほど明らかに出ているものを黙って立ち去るというわけにも参らぬ。それに、見うけたところ、なかなか気丈な人態じゃ、みだりに取り乱すこともあるまい。あと、三年の命、よく

よく分別されるが宜しかろう」

「えっ？」

と流石の次郎長もびっくりして、

「坊さん、そりゃ本当かい」

「本当だ。嘘や冗談にこんなことを口に出せるものではない」

「ふううむ」

と暫くじっと行脚の僧の顔を眺めていた次郎長、

「そうかい、よく分った。坊さん、どうやら嘘じゃなさそうだね、よく教えて下さった。あと三年の命か、それならそれで俺も了見があるというもんだ。それじゃあ、そういうこととして、坊さん、万一これが間違いで、三年経っても俺が生きていたらその時はただ間違いだったじゃ済まないよ。その首をもらうよ」

「この首か、ああ、進ぜよう。これが間違いで済んだら、お前さんのためにはまことに喜ばしい。お祝いにこの首でもなんでも進ぜよう。また三、四年後には必ず廻って来るでな。南無阿弥陀仏々々」

と行脚の僧の立ち去るのを暫く見送った次郎長、さあそれからは、どう了見をつけたものか、家にはさっぱり寄りつきません。バクチは打つ、ケンカはする。どうやら、どうせあと三年の命と限られたものなら、やりたい放題、したい放題のことをしてやろうと考えを決めたものと見えます。そうなると、元来、侠気があって腕ッ節の強い次郎長のこと、一、二年後には、忽ち一帯に顔が売れてきました。その内に、三年目が廻ってきた。

今日死ぬのか、明日死ぬのかと流石の次郎長もあんまりいい気持はしません。と、その内に三年目が過ぎて四年目の春に足を踏み入れた。次郎長死ぬどころか、風邪ひとつひかず、踏み抜きひとつするものじゃない。

「さては、あの坊主、うそをつきやがったか」

と次郎長、じだんだ踏んだが、もう今さら元の堅気の生活に戻るというわけにはいかない。結局この方が気ままだと諦める気になりました。

するとそれから暫くして、近くの小料理屋で一杯やっていると、ふと、表で読経の声、はて聞きおぼえが、と思った瞬間、次郎長表に飛び出した。案の定、見おぼえのある網代の笠に墨染の衣。いきなり胸ぐらをつかんで引き寄せると、めりめりッと笠をひき剝いだ。坊さん、驚いたのなんの、

「な、な、なにをなさる」

「なにをなさるじゃねえ、俺の顔をようく見ろ」

え？　と坊さんが視線をこらすのへ、

「やい坊主、うぬは忘れたか知らねえが、今から丁度四年前、まだ堅気の米屋の俺をつかまえて、三年かぎりの命だなんぞと出放題の嘘をつきやがって、見ろ、その出たらめを真にうけて、素ッ堅気の米屋を一軒つぶしてこうして俺はやくざになった。その時の約束どおり、首をもらうから覚悟をしろ」

云われた坊さん、流石にびっくり仰天したが、この人も可成り名のある坊さんだったそうで、別だん騒ぐ様子もなく、

「なるほど、あの時の若いお方だな。たしかにそういう約束はした。約束ゆえ、首は進上するも苦しくないが、いまだかつて外れたためしのないわしの観相が、どうしてお前さんばかりは外れたのか、そのわけが知りたい。首は上げる故、もう一度とっくりお前さんの相を見せてもらいたい」

「そうか、それじゃあ、もう一度見るがいい」

と云う次郎長の顔をじっと暫く見ていたこの僧が、

「はあてな」

と小首をひねります。

「これは不思議なこと、全く死相が消えている」

「なにを云いやがる、今さらそんなこと云ってごまかされるものか」

と怒る次郎長をまあまあとおし止めた行脚の僧、

「ひとつ尋ねるが、お前さんは、わしと別れて一、二年の内に、人の命を救ったことはないか、たしかにある筈、なければならん筈じゃ、よく考えてみなされ」

と云われて次郎長、ポンと手を打って、

「坊さん、あるよ、あるある」

二年ほど前、ぐれ始めた次郎長が、或る小料理屋にあがって一杯やっていると、隣り座敷で人の泣く声が聞こえます。じっと耳をすまして聞いていると、若い男と女の話し声、これから心中しようという相談です。俠気のある次郎長、どうしてもそのまま黙って見過ごすわけにはゆきません。飛びこんで事情を聞いてみると、女はこの家の女中で、男は近所の店の奉公人、お互いに好き合って毎日逢う瀬を楽しむ内に、たかが手代くらいの奉公人にそんなに金のつづくわけがなく、ついついお店の金に手をつけて、つかいこんだ額がつもりつもって三十両ちかく。十両から首の飛ぶ世の中で、もうこうなったら死ぬよりほかはないと決心したという話。

「まあ、待ちな、金で人の命は買えやしねえ」

と、一、二年後に死ぬと云われている次郎長、こと命の問題になると切実で、それから奔走して男の使いこんだ金も弁償してやり、その上二人を夫婦にさせて、小店ながら商売を始めるところまで面倒を見てやったといういきさつを坊さんに話しました。

聞いた坊さんも小膝を打って、

「ああ、よい事をなされた。その功徳で死相が消えたのに相違ござらん。二人の命を救ったということは、二人の命を救ったのではなく、正に自分の命を救ったのじゃ。よい事をなされた。いま、わしの見たところでは、死相が消えただけではない。八十歳まで必ず生きる長命の相が現われておる」

と感嘆した。以来、次郎長は、八十歳までは死なぬという自信があるものだから、どこの斬り合いでも滅法つよくなったと云うんですが、これは一寸困りますけれども、私は、常にこの話を、因縁の転換というと思い出すのです。もちろん講談のことですから、どこまでが本当でどこまでがつくりごとか分りませんけれども、まことに因縁の転換というものの妙味を端的に打ち出している話であると思うのです。

ところでこの話を聞いて考えることは、三年後に死期を控えている人間、あに清水の次郎長のみに限らんや、ということです。来年、或いは再来年、脳溢血で、または癌で、或いは不慮の災難で、死ぬという因縁を持った人間は沢山おります。さて、それではそれらの人々は、清水の次郎長の故事にならって、心中する男女か、自殺する人間を見つけ出して、これの命を救って功徳を積み、因縁を転換して死期を延ばしてもらおうじゃないか、ということになるわけですが、なかなかそこいら中を探し廻ったって、そう都合よく死のうという人間に会えるものではありません。また、運よく（？）そういう人に行き逢ったからとて、

「実は私は百万円なくっちゃ生きて行けないんで、折角助けて下さるものなら、ひとつ百万円呉れて下さい」

と云われて、百万円はおろか十万円もない身の上だったらどうするか？

よし百万円作れる力があったとしても、

「実は私は不治といわれる難病を患っているので、助けて下さると云うのなら、ぜひこの病気を治して下さい」

と云われたらどうするか？

いずれにしても出来ない相談です。

観世音を信仰することによって、三年後の死期も、二年後の胃癌も、一年後の脳溢血も、なにも心中の男女を見つけて日本中歩かなくても、それらの悪い因縁を転換するだけの功徳になる良いことを、行うだけの機会、行えるだけの力を与えて頂けるのです。

ここが肝心。

考え違いをしてはいけません。ただ観音を拝みさえすれば、ただそれだけで、忽然と何かの力が現われてパッと因縁が転換するのだと考えては間違いです。

悪い因縁を変えるためには良いことをしなければいけない。これは分っている。だけれども観音さんを拝みさえすれば、その良いことも何もしなくたって因縁が変るのじゃないか。

こう考える人が非常に多い。

そうではないのだ。観音さんを信仰していくら拝んだって、何もしなけりゃ因縁の変りようはない。それは勿論、観音さんは生命力を強くして下さる大本の力であるから、拝んでおれば自然に生命力が強くなるし、色々と御守護も頂けるが、それはどこまでも本質的なものではない。本当の信仰というものではない。こういう拝み方は生命の進化という点から見たら、少しも進んでおらない。その場その場のごりやくで、やはり、根本的に自分の持つ悪い因縁を転換するというところに目標をおかねば本当ではないのです。

本質的に因縁を転換するという本当の信仰の仕方と、ただ単に観音さんを拝んで御利益をお願いするだけの信仰と、どう違うかを、実際に私の体験を以てお話し致しましょう。

今から約二十年近く前、学生だった私が、病気のために信仰の門をくぐり、暗中もさくを続けている時代でした。勿論、本当の信仰の仕方など知ることなく、ただひたすら拝んで念力を強くすることが修行であり信仰であると考えていたのでした。これには、当時読んだ生長の家の、祈りの理論が非常に影響していたようでした。生長の家では、一心こめて強く強く祈れば、その念波の波動で必ず祈りが実現するし、人を動かすことも出来るというのでした。

私の父は当時、陸軍の御用商人をやっておりましたが、軍の拡張に伴う事業の拡大で、大分資金に苦しんでいるようでした。或る日、

「靖雄、一寸金の要ることが出来たので、金を借りようと思う。早急なので知り合いから紹介された金貸しから借りることにした。昨日会って一応頼んでおいたから今日お前が行って更に頼んでみて呉れ。俺は入札で忙しいから」

と云います。

学生の私には一寸難役でしたが、金貸しに頼むというのは父も余程のことだろうと考えて、どうしても承知させようという意気込みで出かけました。今でも覚えておりますが、北千住のSという当時足立区の金融業組合長をしている老人でした。

会ってみると、はかばかしい返事でなく、まあ、体裁よく断られた格好でした。然し、こちらは世間知らずの学生ですから、父のためだとばかり一心に喰い下って頼みこみ、まあ一応考えてみようというところまで漕ぎつけました。

さて、帰宅してからよく考えてみると、どうも形勢が良くない様子だ。そこで日頃の修行をためすのはこの時とばかり、一心不乱に祈りましたね。

——必ずS氏が金融を承知してくれるように、

と、今から考えると狂気の沙汰ですが、当時は真剣です。担保として動産不動産を差し出すことではあり、別にやましいことではありませんから、一心に祈りました。

祈りながら通うこと三日、三日目の朝、ついにS氏は申込み通り金三千円也の貸出しを承諾しました。公証人役場で抵当権設定の手続きを終えた時、S老人がこういうことを云いました。

「私は、小僧時代から約五十年近く金貸し稼業をしているが、今まで、一番最初にこれには貸さんと心に思ったら絶対に思い返して貸すということはしたことがなかった。ところが今度のあんたの場合だけ、どういうものか、これが出来なかった。一番初めにお父さんが見えた時、少し遠方過ぎるので断ろうと思った。あんたが見えた時も、手持ちの金が出払っていたし断ろうと思った。がどうも断りきれないで、どうしたものかと考えている内に、貴方は毎日来る、そこへ同業者に廻しておいた金が丁度三千円返ってきたので、先約があったのだがあんたの方に廻すことにしてしまったのだ。あんたには、なにか徳があるのかも知れんね」

これを聞いて、私は心中ひそかに我が意を得たりとほくそ笑みました。やはり、神仏への祈りが通じたので、私の念力もまんざらではないと考えました。父もむろん喜びました。

ところが、この話がこのままハッピーエンドで終ればよかったのですが、一年ほどして、私は、父からこういう言葉を聞いたのです。

「靖雄、あの、Sから借りた三千円だが、あれは借りない方がよかったなあ。なんといっても月五分の金は使い切れん」

聞いてみると、実際にその通りで、むろん父としては直ぐにも返してしまうつもりだったのでしょうが、商売というものは仲々そう思ったようにいくものではなく、毎月五分の利子の支払いは苦労のようでした。

「考えてみれば、あの時、あの三千円が絶対になくてはならぬという程のセッパつまったものでもなかったな、なければないで、また、手の打ちようもあったんだが――」

むろん、父は私がお祈りしたことなぞ夢にも知りませんから、ただ何気なしに洩らしたのでありますが、私にとっては大きな問題となるべき性質のものです。

――祈りが聞き届けられたからといって、必ずしも良いとは限らない、

先ず私の考えたことはこれでした。

それは何故だろうと考えてみて、思い当ったのは、

――三千円さえ借りられれば、

父のためになると判断したのは、私の智慧です。私が勝手にそう思いこんでしまったのです。

観音さんや神さまは、その時その金を父が借りたら一時的にはよくっても、後になって却って苦しむということ位お分りだったでしょう。だから、本質的なお祈りをしていたら、恐らくこの金融談は破談になっていたのではないでしょうか。そうしてその金がなくても

なんとか窮地をうまく脱するように計らって下さったか、又は他に苦しまずに済む金融の道をつけて下さったことでしょう。

けれども、私は浅はかにも、Sが是非貸して呉れるようにと一心にお祈りしていたのです。小さな人間の智慧で、大きな神の力を指図して動かそうとした罰だな、と当時の私は考えました。

後になって、こういう話を聞いてなるほどと思いました。

或る所に信心深い人がいまして、毎日神さまを拝んでいました。

或る時、どうしても月末に十万円程のお金が必要になったので、一心に神さまにお願いしました。

「どうぞ、どうぞ神さま、この月末迄に十万円のお金が入りますように。日頃の信心によりどうかこの願いをかなえて下さいませ」

神さまも弱りました。実はこの商人には、そういうお金の入るべき良い因縁がなかったのです。信心はしているけれどもただそれだけで、悪い因縁がきっと多かったのですね。でも、あんまりお願いするものだから神さまも仕様がなく、手下の神さまになんとかしてやるようにと指図をしました。

その結果、商人は、月末前に、たしかに十万円受け取りました。

商人は喜んだでしょうって？

いえいえ、たいへん悲しみました。後悔しました。

何故ならば、商人の受け取った十万円は、大事な大事な一人息子、目の中に入れても痛くないとまで可愛がっていた一人息子が自動車にひかれて、見舞金やら保険金やらもらったのが、丁度十万円だったのです。

いくら観音さまでも、神さまでも、因縁のない者には、福徳も、また罰も、与えるわけにはゆかないのです。因のある者が、信仰することによって縁を授けていただいて福徳をうけるということはあり得ますが、因さえ持たない人間がいくら拝んでも縁の開きようがないのですよ。

いくら熱心に信仰しても、信仰のしかたを間違うと、とんだことになるのです。

こうして下さい、ああして下さいと、小さな人間の智慧でお願いして、その願い事がかなえていただけたところで、それが果して究極の幸福であるかどうか知れたものではないのです。悪い因縁を転換し、良い因縁を多くしていったら、一々なにかとお願いしなくてもなんの心配がありましょう。根本的な信仰に入らなければいけません。

それには、ただ拝むだけで観音さんは悪い因縁を転換して呉れるのじゃないかなどという横着な考え方を捨てることです。

そう云うと、

なあんだ、観音さんを拝んでもやっぱり善い事をしなくちゃ悪因縁が変えられないのか、観音さんを拝まなくったって、善い事をしてりゃあ悪因縁が転換出来るんだろう、それじゃあなにも観音さんを拝む必要はないじゃないか、結果は同じことなんだもの――、

そう云う人がいる。

そう云う人に私は答える。

「それじゃあ聞くが、あんたは、自分だけの力で自分の悪い因縁を転換出来るほどの善い事をする力があると思っているのか、それだけの力があんたにあるのかね。

大体、私の見たところでは、第一にあんたには何が本当に善い事で、何が本当に善くない事なのか、分別するだけの力をさえ持ち合せがないように思えるんだが――」

大体、進化におくれてこんな悪い世の中に生れてこなければならないような悪い因縁を持った我々お互いだ。どんなに良い因縁を持った人間だと云ったってタカが知れてる。ましてその中でも悪い因縁を持つ我々が、仲々自分だけの力で善い事をして上の方の良い境

界に上って行こうったってそうゆくものじゃない。下へ落っこちないのがめっけものというものです。

そんなつまらん我々が、観音さんを信仰するお蔭で強い生命力を頂いて、たいした苦労もせずに善い事をやってのけることが出来、その功徳で悪い因縁を転換、精算して一歩一歩仏界に近づくということは、たいへんなことであります。

世の中の何を拝んだって、善い事一つせず、努力の骨おしみをしていて、悪い因縁が良い因縁に変ることがあるものか。

これをはっきり悟らにゃいかん。

因縁転換したかったら、善い事をして功徳を積め。

善い事をして功徳を積みたかったら、ものみなを生かし、ものみなに生きる力を与える根元《こんげん》の、観音さんを拝んで、強い強い生命力を頂くことです。

桃栗三年柿八年と云うけれども

桃栗三年、柿八年、梨の馬鹿めは十八年、という諺があります。

要するに、種を植えてもそれだけの年数を経なければ実は成らぬということで、昔から熟縁《じゅくえん》の例に引かれる言葉であります。

つまり、桃や栗はいかに努めても実を結ぶまでには三年かかる。これは、桃、栗の宿業で、人間で云えば「本具《ほんぐ》の業《ごう》」とも申せましょう。いかに努力をしたとても縁が熟するまでどうしても三年という年数がかかることになっている。また、柿は八年辛抱せねばならぬ。人もまたそれと同じことで、人さまざま、それぞれ違った業《ごう》を持っておるもので、桃や栗のように三年で縁が熟して因縁が全く転換する人もあれば、梨のように十八年かからねばならぬ宿業の人もいる。

そういうわけで、因縁転換の時期も、人さまざま、それぞれの因縁によるもので、時期の長短は致し方のないものであるという考え方です。

けれども、これは間違った考え方と云わねばなりません。

人間は桃や栗とは違います。桃や栗は非情《ひじょう》のものですから、ただ与えられる縁にたよるよりほか致し方のないもので、止むことを得ませんけれども、人間は、観音のお力によって、みずから縁をつくるという力を与えられておるものです。桃や栗はただ因を持つだけで、この因を育て上げる縁をみずから造り出す力を持っていない。ただ与えられるものばかりだ。だから桃栗三年、柿八年も待たねばならない。人間は、因を育て上げる縁をみずから作る力を持っている。だからこの縁のつくり方次第で実の結ぶ期間は自由自在です。よく努めてよき縁を早く作りなしたものは早くよき実を実らせるし、怠けているものはその反対にいつまで経っても実が成らぬ。

要は精進次第です。

本当に心を籠めて祈り、自分の心が転換したならば、その日の内から因縁転換の実証を見せて頂けるのであります。

慈恵会の実証は、観音経に説かれている通りのそのままに現われて参ります。この現象を見ただけでも、慈恵会は、真実、観世音大菩薩のお力の現われであるということが分るのです。

慈恵会の実証は、或る宗教の云うように、お線香の煙りが丸くなったから因縁が解けたの、コップのお水に泡が生じたから因縁が解けぬのなどというような、そんなたよりないものではありません。観音経にある通りの形で、実に合理的に現われてくるのです。これこそ、慈恵会が、観世音の力を本当に体現している証拠であります。

最近、私自身の上に現われた因縁転換の現象について、体験をお話ししてみましょう。

まことにお恥ずかしい次第ですが、私には、胃癌の因縁があるのであります。よほど、過去世に悪業を積んできたものでしょう。現世に於ても思い当ることが多く、まことにお恥ずかしいことと思っております。

この因縁のあることに私が気がついたのは、一昨年の春でありました。母に訊ねてみますと、母方の祖父、伯父が相ついで癌で亡くなっておるとのことで、母自身も私が生れて間もなく乳癌を患って手術を受けておるのであります。

私の胃癌の因縁も相当強度のもので、このままで推移するならば四十八歳の秋から冬にかけて発病するものと透視されました。けれども勿論私は観世音の信仰により出来るかぎりの徳を積ませて頂いて、この悪因を必ず転換消滅するつもりでおりますから、別だんどうということもなく、かえって、この因縁が、いつ、どう転換してゆくか、或いは私の精進が足りなくて、四十八歳迄に転換しきれぬようなことになるか、私自身、精進のバロメーターが出来てハリアイがある位に思っておりました。

昨年秋になって、透視してみましたところ、可成り影が薄くなっており、たとえるならば、大体五〇パーセント、即ち約半分は転換してきておるように思われました。私は会心の笑みを洩らし、あと半年か、長くて一年位で転換しきって、消滅してしまうであろうと思いました。

今年になって、この八月に、かねて胃癌の因縁のあることを指摘しておいたT氏夫人が、胃カイヨウになったと云ってきたので、ふと思い出して、また透視してみる気になりました。二、三度今迄にない胃腸障害があり、因縁転換の浄化作用が起きているようなので、もう殆ど消えているのではないかと考えていました。ところが、透視してみると、なんと、昨年秋と殆ど変っておらないで、そのまま影が残っているのであります。私は可成りのショックを受けました。それは、胃癌になるかも知れんという恐れのショックではなく、自分の精進がそれほど無力のものであったかということで、まさに一大痛棒を喫した感じでありました。

けれども、静かに考えてみますと、これ位の精進努力で、この悪い悪い因縁を転換させてしまって頂こうなどゝは、あまりに虫がよすぎる話であるということが分ってきたのでありります。これは正に私の努力の足りぬこと、心がまえの至らぬことを、観世音がおさとしになられたものに違いないと私は考えました。そうして、自分の因縁を気にして透視しておる暇があったら、なぜ溜まっている地方からの透視依頼をしてあげないのか、というお叱りの声を聞いたように思いました。そうだ、自分の因縁を気にする暇があったら頼まれている人の因縁を見てあげることだ。それが私のつとめであり、且つ、そうすることによって私の持つ悪因縁も少しずつ転換してゆくのだ。自分のことを考え、自分のことにかまけている間は私の胃癌の因縁も消滅すまい、そう私は悟ったわけであります。私は、もう二度と、自分の胃癌のことなぞ考えないことにしようと思い決めました。

するとそれから一月ほどして、中野支部の集会に出席致しまして、会員の方々と雑談をしておりますと、笠原トキ子さんという方が、ふとこういう事を口にされたのであります。

笠原さんという方は、関東逓信病院の産婦人科の婦長さんで、禅なども多少やられた仲々しっかりした方ですが、なんの話が出ていた時か、こまかい記憶はありませんが、

「先日、うちの外科の部長先生が、学会でこういう発表をされたのです。それは、比較的若い年齢で胃癌になる人を調べてみると、物を読みながら食事をする習慣のある人が非常に高率を示しているという意味のことです。この発表以来、うちの病院では、先生方も看護婦も、食事の時にはグループを作って愉快に談笑したり、音楽を聞いたりしながら食事をするようになりました。云々」

と、大体そういう意味の話をされたのであります。

それを聞いて私ははッとしたのです。と云うのは、私はまことに行儀の悪い話ですが、

食事の時に必ず本を読みながらものを喰べるという悪い習慣を持っているのであります。これは小学校四、五年頃からのことで、両親に叱られ叱られしながら、ついつい直し切れず、ますます嵩じて、もう最近では病いコウモウに入ったとでも云いますか、一寸おソバでも喰べるような短い時間でも、何かしら活字を読んでいなければ気がすまないようになっていたのです。

家族の者に注意されたり笑われたりするたびに、私は、なんの気もなしに、

「これも何かの悪い因縁なんだね、観音さまにお願いして直して頂こうか」

などと笑っておったのですが、いま笠原さんにそういうことを云われて、なるほど！と私は感じたのです。私は、冗談半分に何かの悪い因縁だろうなどと云っておったのですが、まさに悪い因縁も因縁、これは胃癌の因縁のなすわざだったのです。

内に因あれば外にこれを助け育てる縁あり、というお経の言葉の通りに、胃癌という因を持っている私は、その因が働いて、知らず知らずの内に、学理的にも胃癌を起こしやすい、食事をしながら本を読むという悪い縁（習慣）にとりつかれ、そうしてそれからどうしても離れることが出来なかったのです。

この事実をよく考えてみて下さい。

少し知識のあるいわゆるインテリという人々は、因縁なんて非科学的なもので、そんなものを信ずるのは迷信だなどと一口に云ってしまいやすいのですが、因縁と云っても、因縁というものそのものが色々と何かのアダをするというのではないのですよ。そういう因縁というものがあると、その人の日常行為、考え方、性格等、要するにその人の生命条件がすべてその作用をうけて、或る一定の方向に向って動いてゆくようになるのです。私の場合、生れながらにして胃癌という因縁を持っているために、そうなりやすい習慣にひとりでにおかされてしまっているのです。私が、そうして胃癌になった場合、お医者さんは私の日常をよく聞いて、この患者もやはり読書しながら食事をしていて胃癌になった。やはり読書しながら食事をとるのは胃癌の原因となる、と考えて、そう発表するでしょう。

　そうではないのです。根本のところは、読書をしながら食事をしていたからそのために、胃癌になった、のではないのです。胃癌の因縁を持っていた故に、読書をしながら食事をするという妙な悪習慣にとりつかれるようになったのです。それはどっちにしても同じことではないか、と考えたら間違いです。どこが違うか？　それは、この胃癌という現象をとり除こうとする場合、重大な差となって現われてきます。

　即ち、それならば、胃癌になりたくないから、食事中の読書を止めよう、と云って止めたら胃癌にならないかということです。だが考えてみたならば直ぐ分るように、食事中の読書が胃癌になりやすい条件の一つではあっても、胃癌になる唯一の条件ではないということです。

ですから、恐らく、私が胃癌の因縁を持っている限り、たとえ笠原さんのお話を聞いてこの悪習を止めたにせよ、因縁を持つ限り、また他の胃癌を起こしやすい何かの条件に知らぬ内にとりつかれてしまうのに決まっているのです。

その反対に、胃癌の因縁がなくなってくると、そういう悪い習慣、悪い条件がなくなるようになってきて、やがて胃癌にならないということになってくるのです。

即ち、私の場合、胃癌の因縁を持っていたから食事中の読書という悪条件を持つようになったが、観世音を信仰して少しずつでも徳を積んでいるために、この悪い因縁が転換してきた。けれどもこの悪習を止めぬ限り、やはり胃癌になる可能性が非常に強い。観世音は、これを私に止めさせるために、笠原トキ子さんの口を通して、それを止めよ、とお示し下さったのであります。

即ち観音経に、

「婦女の身を以て救うべきものには婦女の身を以て」これを救うとある通り、笠原さんという婦女の身を通して私に食事中の読書の悪いことを教えて下さったのです。

なんと因果の理の微妙なものであることか！

笠原さんは慈恵会々員として日々悪い因縁を転換し救われていると常に感謝されております
が、その慈恵会々長として一生懸命お導きしている私が、その私に救われたと云っている笠原さんから自分の悪い因縁を転換する重要な鍵を教えて頂いた。なんという微妙な観世音のお計らいでありましょうか。

私が笠原さんを救ってあげた（と私の口から云うのは誠に僭越ですが）その徳により私自身も救われる――。これまさに観世音が因果の理法の大真理をお示し下さったことに絶対相違ないのであります。

観音経では御承知の通り、観音はその身を三十三種に変化して我々を救って下さると説いています。これを、現代人はそんな馬鹿なと一口に笑ってしまいやすいのですが、これはなにも観世音がヒョイヒョイと女性に化けたり童子に化けたりして我々を救ってくれるというのではない。観音といえども因縁なくしてその力を現わすことは出来ないのであって、その人に縁あるものを通じてその働きを現わすのであります。丸ッきり縁のない女や子供に化けて幽霊のように現われてくるのではないのです。

縁をもってその力を現わされる。

桐山の前に観世音が女性に化けて、ヒュードロドロと現われて、お前はその本を読みながら飯を喰うことを止めにせよ、と云う。そんなふうにはならない。縁をもってその力を現わされる。だから、ここでもやはり縁というものが非常に大切になってくるのです。

笠原さんと桐山というものはどういう縁で結ばれておるか、慈恵会の会長、会員として観世音信仰の縁をもって結ばれている。世の中にこれ以上強く大きく有難い縁はない。こういういい縁であるからこそ、お互いに悪い因縁を転換するといういい果が現われてくるのです。

これが悪い結びつきだったらどうなるか。

AとBという悪い因を持った者同士がいる。AがBに云う、おい一杯呑みたいな、うん呑みたい、が金はないぞ、そうだなあ、俺もない。どうだ二人で誰かここへ来たらおどしつけて金を奪《と》ろうじゃないか。

悪い縁の結びつきはこういう結果になる。

だから我々は出来るだけいい縁、出来るだけ高い縁を求めて結びつかなければならぬのです。

因縁透視のこと

宿命因縁の透視を頼まれて、透視の結果が凶のみ多い不幸な運命であったりすると、ひと事ながら私は実に暗い気持になってしまう。

やる事なす事ことごとく逆に逆にと当てが外れて失敗ばかり重ねる事業障害の因縁や、お互いに肉親でありながらどうしても仲良く円満に暮らしてゆけず、年中争ってばかりいる肉親相剋の因縁、或いは夫婦縁障害の因縁、等々、とにかく様々な因縁があるけれども、それらの悪い因縁という因縁を悉く背負って、一生貧苦と病難の連続にあえぎつづけ、苦しみ抜いたあげくに漸く悩み多きこの世の生命を終る――。

まるで、苦しむためにのみこの世に生れてきたとでも云うよりほか云いようのない、あい、い、い、んたんたる運命が出てくると、ああさぞ辛いことだろうなあと、つくづく歎息してしまうのです。

そうかと思うと、幸運の波に乗って、やることなすこと大当りで、順調そのものと自他ともに許す人が、二、三年後には脳溢血で倒れる宿命をはっきり現わしていたり、一流会社の重役で何一つ不自由ない人が、間もなく癌になる因縁を持っていたりして、その瞬間、幸福感にあふれているその人の顔が、気の毒でまともに見られぬ思いをすることがあります。

因縁とか宿命と云うと直ぐに迷信とか非科学的だとか云う声を聞くのですが、決してそういうものではありません。また、人は直ぐに科学科学と云いますが、たしかに科学によって人間の生活は進歩もし豊かにもなってきておりますが、よく考えてごらんなさい。いくら科学が発達し、そのおかげで人間の生活が便利になっても、その科学の恩恵を受けることが出来る人と出来ない人とがあるではありませんか。人間誰でもが一律に科学の恩恵を受けることが出来るのではありません。いや、かえってその科学の便利さがその人を殺してしまう場合さえあるのです。

飛行機の発明によって、旅行はたしかに便利になりました。けれども誰でもが旅行に飛行機を利用出来るとは限らない。金のない者には乗れません。財運のない者は、飛行機で行ったなら親の死に目に会えるのだがと思っても、切符が買えないから乗ることが出来ない。

かと思うと、その旅行を愉快にスピーディにしてくれる筈の飛行機によって、かえって墜落死という悲惨な運命を受ける人もあります。

たとえば医学にしたところで、たしかに医学の進歩で色々な特効薬も発明され、治療の方法も優れた技術が生み出されてきておりますが、それらの特効薬、優秀な治療法も、みな、適時《タイムリー》にその人に適用されるのでなければ、なんの足しにもならない、どころか却って害となることは、特効薬ペニシリンのショック死ひとつ見ても分るではありませんか。

信仰による因縁転換によって病気が治ると云うと、必ずお医者さんは、そんな馬鹿なと一口に否定するでしょう。慈恵会の会員中には、何人かのお医者さんも居ります。それらの方達も、最初はやはりそういうことを云われました。

信仰して病気が治るのは精神的な作用だよ。

お医者さん始め多くの人がそう考えている。

やはり現代医学でなければ病気は治らんよ、と。

それはたしかに進歩した近代医学や薬品が病気を治すのに大きな力を持っていることを私は否定しない。けれども、同時に私は断言します。

「いくら優れた医学でも、悪い因縁を持つ病人を治すことは絶対出来ない！」

はっきり私は云いきります。

因縁の相対性原理

いいですか、
もの事はすべて相対的なものであって、従って物の価値というものは、常に二つの面から論じられなければならぬのです。

一つは、仮りに、「客観価値」と名づけましょう。「主体的価値」と云っても宜しい。これは、その物自体だけを見て評価する価値です。つまり、例えばここに十万円の札束がある。この札束が持つ価値、米ならどれだけ買える。金《きん》ならこれだけ、銀ならこれだけ、旅費にしたら飛行機で何処まで行ける、というその札束そのものだけを対象にして見た価値です。

ところが、この札束が人の手に渡ると、その瞬間からその人の能力、条件等の影響のもとに価値を発するようになる。即ち、我々の方の言葉で云う、その人の因縁に応じた働き、価値を起こす。これを仮りに「主観価値」と名づけましょう。

今ここに同じ十万円の札束を手にしたAとBの二人が居る。どちらも、十万円という金の「客観価値」は同等です。

Aは、この十万円を手に入れて喜んで家に帰った。初めて手にした大金で、妻君と軽く祝杯をあげて、さて盗まれてはいけないと枕の下にして寝ることにした。その夜更けて、ふと枕に異常を感じて目を覚ますといつの間にか泥棒が入ってさぐっているのです。これはこの日Aに金が入ったのを知って忍びこんだ悪漢なのですが、驚いたAは思わず、泥棒ッと叫んだ。反射的に泥棒は持っていたナタを振り下ろし、Aは頭を割られてバッタリ倒れる。もの音に驚いて飛び起きた妻君もつづいて斬られて虫の息。とうとうこの夫婦はこの十万円のために命を落してしまった――。

さてBの方はというと、十万円を手にして妻君と祝杯をあげていると、そこへ知人がやってきて、君は近頃大分儲けたそうだが、どうだね、こういういい仕事があるが一緒にやってみないか、二十万円ほどあればいいんで、どうだ十万円ずつ出し合って共同でやってみようじゃないか、というような話をする。Bも色々考えたあげくその仕事に手を出す、トントン拍子に行って、Bは二、三年後には数百万の財産を持って自家用車を乗り廻すようになった――。

AとBとが手にした十万円の「客観価値」は全く等しいのに、片方はそのために殺され、片方はそのために金持になった。どういう違いがこういう差を現わしたのか？　AとBとの因の違いが十万円を得るという同じ縁を持ちながらこういう違う果を現わしたのです。

ですから、すべて物の本当の価値というものは、その人間の持つ因縁次第によって、価値が変ってくるのです。

だから、ここに絶対的な効果を現わす特効薬があるとしても、その薬がその病気によく利くということと、その薬が或る人に効果を現わしてその人の病気を治すということとは別にして考えなければならぬのです。これを混同して考えるところに間違いが起こるのです。

肺炎にペニシリンが特効を現わすことを私は否定しない。けれども、ペニシリンが出来たから肺炎で死ぬ人がなくなったかというと、そうは行かない。ペニシリンという特効薬があっても、悪い因縁を持っていると、どうしてもその力を受けることが出来ないようになってしまうのです。

私は、そのことについて痛切な経験を経てきているのです。

一昨年、私の近親が東大病院の木本外科に約半年ちかく入院していたことがあり、この間に私は実に貴重な勉強をしたのです。というのは、ああいう所に入院している人達というものは、十人が十人、みな運命の激動期、つまり色々の因縁が動いている時期にある人々で、この人たち一人の因縁を見ることは、普通社会で平穏に暮している人を十人見る以上に色々のことが分るのです。しかも、その因縁の現われた経過が、次々と形に現われてくる。普通社会の人だったら、死期を見てもその結果が当っていたか外れていたか結果を知るまでには何年もかかることが多いのに、入院している人たちは、見た死期通りに死んだか、治ったか、長くても数週間の内にはっきり分る。

私は、ここで、人に頼まれるまま、数百人の因縁宿命を透視した。私は実に貴重な修業をさせて頂いたわけです。

その中で、私が、なるほど、と因縁というものの作用を心の底から感じた二つの代表的なケースがあるので、これを書いてみることにします。

因縁はこのように働く

一人は、松木さんという五十三歳になる婦人ですが、悪性の胃カイヨウを手術したところが、経過が頗る悪く、手術後十日近くも経っているのに、傷口がふさがらず、膿が出るので、傷口に排膿管をさしこんで膿を取っているという最悪の状態でした。

危いというので近親者が呼ばれ、数人の親戚が病院の廊下でハンケチを目に当てているという悲痛な光景の中で、その娘さんに透視を頼まれたのでした。

透視の結果は、当然、死期の真ッ只中にあることは間違いありませんが、その絶頂を、ほんの僅かではありますが、越したように感ぜられたのです。この状態で、死期の絶頂の一歩手前であったら、これはもう完全に駄目です。しかし、私には、ほんの心持ち程度ながら越したように思われる。

そこで、私は、娘さんと、そのお父さん、つまり患者の夫に当る人に、

「私は大丈夫助かると思う。けれども、それはほんの僅かな一筋の光明で、非常に微妙なものです。元来、松木さんは夫に非常に剋されるという因縁を持っている。つまり、夫に自分の運気、生命力を奪われるという因縁があるのです。夫たる貴方の透視をしないからハッキリ断言出来ないが、当然、貴方にも妻を剋する因縁があるに違いない。これは、なにも実生活で貴方が奥さんをいじめるというのではない。目に見えないところで、貴方の生命力が奥さんの生命力を奪っているのです。ですから、御主人は、今すぐ家へ帰りなさい。病室や病人のそばに居てはいけない。家に帰って、私がいま因縁転換の符を書いてあ

げるから、それを仏壇において、その前で一生懸命般若心経を上げなさい。そうして、この因縁を押さえなければいけない。外にも悪い因縁はあるが、それは後廻しだ」

と云うと、御主人がびっくりして、

「けれども、私が家に行っている間に家内が息でも引きとるようなことがあると――」

と躊躇しているので、

「私の云う通りにしなさい。奥さんは、死ぬにしても、あと三日間は絶対に死なないのだ。その間に死んだら、桐山は首を上げる。しかもこの三日間が本当の関ヶ原なのです。私の云う通りにしなければ、三日後には本当に死ぬかも知れません。けれども、私の云う通りにすれば、恐らく十中八まで必ず助かる。そうしなさい」

と云うと、それでも御主人は暫く考えておりましたが、娘さんと相談して、

「それでは、仰有る通り一生懸命やりますから、どうぞ貴方も御祈願下さいますよう」

と云って家に帰りました。親戚の人たちの中には、迷信なんかにまどわされて万一死に目に会えなかったらどうすると反対する人もいたようでした。

三日間はそのままの病状で過ぎて、四日目の朝のこと、廻診の先生が、いつもの若い先生と違って、中年の物慣れた立派な先生が見えたので、付きそっていた娘さんはびっくり

したそうです。

その先生は、松木さんを丁寧に時間をかけて診ていましたが、お伴の若い先生に、カルテを持って来させて再びよく診てから、ドイツ語で何か云って、戻って行かれました。午後になって、松木さんは突然手術室に運ばれて、手術ではなく、何か手当てを受けた様子でした。娘さんの話では、何か今までの手当てに手落ちがあって、それをあの先生が発見されたのではないかというのでした。私も、そう思ったので、後になって、私が透視してあげたことのある室つきの看護婦さんに、先生が突然に変った理由を訊いてみますと、

――前の担当の若い先生は、くにから電報が来たとかで前の晩に突然帰郷したので代りの先生が来たのだが、今日見えた先生は、助教授のH先生で、本当はああいう偉い先生が見えることはないのだが、気さくな先生なので、お見えになったのかも知れない、尤も、帰郷した若い先生は、H先生と同郷とか聞いているからあの先生にお頼まれになったのかも知れませんね。

という意味の返事でした。

それから十日ほどして、松木さんは再手術をうけ、以後経過順調で、三週間程の後は全く危機を脱し床の上に起き上るようになりました。

これと対照的なケースが、Tという青年でした。

彼は盲腸炎の手術で入院していた二十歳の元気な青年でしたが、私が透視を頼まれたのは、一時かなり重かった腹膜炎も順調な経過を見せ、床の上に起き上れるようになった頃のことでした。退院ももう時間の問題というところまできているのですし、透視してもらうTも気軽く、また透視する私も、結婚問題をよく見てあげようかねなどと冗談を云いながら引きうけたのでしたが、透視の結果は決してそんなのん気なことを云っておられるものではないものを感じさせられました。肉体障害の因縁が非常に強く現われており、しかもどう見てもまだ最悪の時期を越しているとは思えないのです。まだ最悪の絶頂を越すまでに約十日間の期間があるのです。

それで、私は、Tに、私の見たところでは病状が決して楽観を許さぬように思われるから充分に自重をするようにと忠告しました。そうして、もう直き退院出来るというのでそういう私の忠告にウワの空のTだけでは心もとないと思われたので、つきそっているお母さんにもよく話してあげました。心配になったお母さんは看護婦さんに相談して、このままで行けば決して心配はないと云われたらしく、翌日、私と顔を見合わせた時には、えんぎでもない余計なことを云ってつまらぬ心配をさせる、といったような表情がありありと見え、私は苦笑しながら、心の中で無事にこの十日が過ぎてくれればよいのだがと念じておりました。

そのTが、様態急変して危機に陥ったのが、その日から八日目の朝でした。

もうそろそろ退院だというのでその仕度にお母さんが家へ帰った晩、Tは、昼間見舞いにきてくれた友人持参のカステラ饅頭を、空腹のままに二つ三つ喰べたらしいのです。

Tが苦痛を訴え始めたのは夜中の一時頃だったそうで、あいにくお母さんが居ないので、他の患者の付き添いさんがこれを聞いて看護婦さんに知らせに行ったわけですが、そのために可成りの時間がかかりました。付き添いさんは自分の患者で手一杯で、真夜中ともなると自分の患者が静かに眠っている限り昼間の疲れでぐっすり眠っています。Tも、自分のお母さんが居たら直ぐに起こして知らせたでしょうが、そういうわけで可成り長い間Tは必死に我慢をしていたらしく、Tの苦悶の呻り声を聞きつけた隣りのベッドの患者が自分の付き添いを起こして知らせた時には、Tの様態は可成り悪化していたようです。直ぐに当直の看護婦さんを呼びに行きましたが、看護婦さんは御不浄にでも行ったのか、探し出すのに、ここでもまた少し時間がかかったらしいのです。看護婦さんが応急の手当てをしながら当直の先生に知らせたのですが、先生は他にも急変の患者が出たため、直ぐに来て診ることが出来ず、他の病棟の先生に電話をかけて来てもらった始末でした。

T君は、恐ろしい腸閉塞を起こし、死の一歩手前まで追いこまれたのです。まあ、幸いに、死ぬことだけは辛うじて免れましたが、一時は全く死線を往来しておりました。

こういう例は、ほかにも無数にあり、松木さんとT君の例は、たまたま代表的なものとして挙げたのに過ぎません。

私は前の章において、

「いくら優れた医学でも、悪い宿命因縁を持った病人はこれを治すことは絶対出来ぬ」

と云いましたが、この言葉は、決して、医学が病人を治せない、というのではなく、悪い宿命因縁を持った病人は、その医学の力を受けることが出来ないようになってしまうのです。T君の例が正にそうで、すべてが悪い方に悪い方にとお膳立てが出来ていって、近代医学の粋とも云うべき東大附属病院に入院しておりながら、看護婦、医師の手当てが順調に受けられないように、受けられないようにと事が運んでいっておるのです。松木さんの場合、宿命をよく利用して、因縁を転換し、医学の力を充分に、最高度に利用出来たわけです。

繰り返して云いますが、宿命因縁が良ければ、すべてのものが自分に合流して自分を助け伸ばす方向に動いて行ってくれるが、悪い因縁を持ち、悪い因縁が動く時には、すべてが自分を妨害し、傷つける方向に動くものなのです。

科学、科学、と、科学だけが自分を利益し助けてくれるものと考えている人たちに、頂門の一針ともなるべき例でありましょう。

姓名学と方位

方位（気学）と姓名学に就いて、最近よく質問をうけるので、ここで一応とり上げてみます。

我々の幸不幸はすべて方角の良し悪しによるものであると考えるのが方位学であり、姓名によって幸不幸の運命がきまるのだと考えるのが姓名学でありますが、これは、慈恵会の因果の真理を理解された方は、そういう考えの間違いであることをよく理解されたことと思います。

人間というものは、どうも形に現われたものの方を信じやすいという弱点があるので、「貴方の不幸はこういう名前をつけているからです」

とか、

「こういう方角が悪かったのです」

などと云われると、ついそれにすがってしまいやすいのですね。

家相にしても方角にしても、これは一つの環境ですから、我々の方からいうと「縁」の一種であります。

ところで、縁は、因がなければ現われないものであるということは、今迄に説いたところをお読みになれば充分お分りになる筈で、端的に云うならば、貧乏する人は、貧乏する家相の家に入ったから貧乏するというのではなく、貧乏するという因を持っているから、その因の働きでそういう因の出る家（縁）に住むことになるのです。

脳溢血、癌、みなそういう家相の家に入ったからそういう病気になるのではない、そういう因を持っているから、そういう家相の家に住むようになるのです。原因と結果を混同してはいけません。

大金持になるという家相の家（そういうものが仮りにあるとして）を建てて、その家に住めば誰でも必ず金持になれるかというと、これは絶対にそういうわけには行きません。貧乏で一生苦しむ因縁を持つ人間が、そういう家に住んだところで、絶対に、金持になるというわけにはゆかぬ。仮りにそういう家に住むことにしたらどうなるか？　そういう家には住めなくなります。貧乏で苦しむ宿命因縁を持つ人間が、そういう宿命因縁をそのままに、金持になる家相の家に、何かの事情で住むようになったとしても、こういう因と縁とは両立しませんから、結局、その家から出るようになってしまうのです。

例えば、気学では、たとえ借金しても良い方角を使えと云います。それをその通りに、借金までして良い方角に良い家相の家を建てて住む、或いは良い方角に増築する。暫くすると、その借金が払えずにそのカタに家を取られてその家に住めなくなる。というような皮肉なことになる人が非常に多いのです。

二、三日前に相談に見えた静岡県F市のO氏という医師の方が、やはり気学（方位学）を信じておられて、昭和二十六年に、約二百五十坪ほどの病院を新築せられた。有名な気学の大家《たいか》に一切任せて、その云われる通りにとり運んだのだそうです。その大家の云うことには、この方位は病院として最上最高の方位家相を使ってある故、絶対成功大繁昌疑いなし、そうしてその効力は昭和二十九年から本当に出るようになる。と云うのだそうです。

ところが、O氏は、その翌年に夫人が亡くなり、それがつまずきの第一歩として色々な不幸が重なり、昭和二十八年の秋にその病院を人手に渡して他の町で借家をして開業せねばならない状態になってしまったのです。

するとその大家は、

「惜しいことをした。もう一年頑張れば、来年から良くなるのだから、なんとかして来年までいればよかったのに、折角の福を人に取られてしまう」

と云ったそうです。それを聞いて私は唖然としてしまったのですが、この大家の言葉を聞いていると、家と人間と、どちらが主で、どちらが従なのか、とり違えているとしか思えません。人があって初めて家があるので、家があって人が生ずるのでありません。その人の因縁宿命に応じてそれにふさわしい家が現われるのであって、物質の寄せ集めである家がどうして人間を支配する道理がありましょう。

大金持になるだけの因縁を持った人は、絶対に、貧困の家相の家には住みません。何かの事情で住むことになったとしても、長くは住めません。ひとりでに住めなくなって出てしまいます。それと反対に、貧乏で苦しむ人は、金持の家相の家には住めません。一時住んでも、直きにどうしても出なくてはならなくなって住めなくなる。

前記のO医師は、最近、またその気学の大家に、

——来年中に坤《ひつじさる》の方角に病院を新築しなければ、もう一生新築は出来ない。福をとり

逃がさぬように、たとえ借金してでも来年中に新築せよ。

と云われて、思案の末に、上京せられて相談に見えたのでした。

私の透視では、O氏は事業中途挫折、障害の因縁が著しく、七、八分通り事業がはかどると、必ず他からこれを打ち壊す障害、妨害が現われる宿因を持っておるのです。

そうして、私がO氏の話を聞いていてまことに皮肉に感じられたのは、O氏のこの「事業中途挫折の因縁」の現われに、その気学の大家が却って一役買っているように思われたことなのです。勿論その大家も悪気はなく、それどころか一生懸命O氏が成功するようにと考えて方位のウンチクを傾けたのに相違ありません。ところが、O氏の話を聞いていると、却ってその大家のその努力がO氏の仕事を中途挫折させたものとしか思えないのです。結果がそうなっておるのです。

O氏の運命波動は五年が周期になっていて、五年毎に悪い因縁が現われるのでありますが、この前病院を新築したのが昭和二十六年で、それを手離したのが二十八年、即ち二十六年末から七年にかけてが悪い因縁の出る年で、この年その大家の言を入れ、それまで大繁昌していた病院を止めて他に新築、そして失敗挫折した。以来一心に病院経営につくし、かなり成績を上げて順調になってきた。ところが、来年から再来年にかけてがまたO氏の悪い因縁の出る年です。すると、ごらんなさい、またその大家が、来年無理してでも病院を新築しろなどということを云い出してきているのです。もしこれを聞いてO氏が無理して新築したらどうなるでしょうか、恐らく、またそれが原因でO氏は失敗苦労をすることになるのに違いないのです。せっかく順調になってきて前の失敗もとり返し、このままいま暫く努力しておれば成功し、無理しなくとも病院の新築も出来るようになるのでしょうが、O氏の事業中途挫折の因縁が、O氏をそうさせないのですね。この辺で失敗させようと作用を起こし始める。その作用の現われがその気学の大家らしく思われるのはまことに皮肉の至りではありませんか。兎に角、O氏がその大家の云う通りにするとすれば、手持ちの金だけでは足りず、一千万円近くの借金をせねばならぬのです。その大家は、それでも充分とり返せるから借金してでもやれと云うのです。これはまさしくO氏の悪因縁の作用としか思えません。時期的に云ってもそう考えるよりほかないのです。

そこで私はO氏にその旨を告げて、更にこういう話をしたのです。

数年前に、「運命の饗宴」という外国の映画を見たことがありますが、これは、運命というものの微妙な姿を三つの挿話《エピソード》で語ろうとしたもので、その挿話の一つにこういうストーリーのものがありました。

ある信仰ふかい一人の男がふとしたことで、手相の名人に手相を観てもらうことになります。すると名人はびっくりした顔で、貴方は三日以内に人を殺す運命を持っており、それがハッキリ掌に現われている、と云うのです。男は驚いて名人に色々と訊ねるのですが、名人は脅えた表情で逃げるように行ってしまいます。男は苦悩して、ふだんあまり呑まぬ酒をあおって気分を転換しようと試みますが、名人の言葉が頭を離れず、悩むばかりです。男は、酒をあおっては自分の手を見つめ、手を見つめては酒をあおって、一日二日と過ぎて行きます。

三日目の夜、男は家の中にじっとしていることが出来ず、泥酔したまま戸外によろめき出ます。近くの教会に行って早く十二時の鐘の音を聞きたいと願いつつ、人通り絶えた往来をよろめき歩いて行くのです。十二時の鐘が鳴り終えれば、もう翌朝で、あの名人が予言した三日以内ということは消えてしまいます。大きな橋の真中辺までたどりついたとき、はるか向うの闇の中に聳え立つ教会の塔から、鐘の音が鳴り始めました。男は嬉しさのあまり、橋のランカンに抱きつき頭をかかえてうずくまります。不意に、もしもし、どうしたんですかと声をかけられて顔を上げると、なんと、あの手相見の名人がそばに立って心配そうにのぞきこんでいるではありませんか。（この手相見の名人も偶然にそこへ来合せたのではなくやはり必然的にそこを通りかかる用件があって通りかかり、急病人ででもあるのかと、その男と知らずして呼びかけたのです）

男は激情のあまり、名人に喰ってかかって責めます。名人はそのケンマクに驚いて逃げようとしますが、男は胸ぐらをつかんで離しません。夢中で争っている内に、急に相手がグッタリとして倒れかかってくるので、はッとして相手をよく見ると、知らぬ内にノドを締めていたものと見えて、相手は絶息して動かなくなっていたのです。男は名人を締め殺してしまったのです。男は恐怖の眼を見ひらきながら、ひろげた自分の両手を目の前にかざしていつまでも立ちすくむのでした。折から、鳴りつづけていた教会の鐘の音が一きわ高く鳴り響いて鳴り止みました。

というような筋ですが、

「如何ですか」

と私はO氏に云ったのです。

「この男は、自分の運命を知らされたということが却ってその自分の運命通りに歩む原因となってしまったわけですが、貴方の場合と似ているとは思いませんか。

貴方の場合は、その大家が貴方を成功させようと考えて良い方角の新築をすすめてくれた。ところが、却ってその新築が貴方のそれまでの成功を挫折させてしまう結果となった。来年また借金までして新築したら、また、貴方がここまで回復して成功への道をたどっているのを挫折して、失敗することになってしまうでしょう。

自分の因縁という本質をそのままにしておいて、いかに外部的な方角や名前を変えてみても、悪くすると、そういう努力そのものが却って、その悪い因縁の現われであるという皮肉きわまることになりかねないのです。

Oさん、私は、この映画を見たとき、そういう意味で作者に敬意を感じたものですが、これはやはり物語の世界だからこそうまくああ現われたのだと思っていましたが、事実は小説よりも奇なりと云いますか、貴方のように実際上に現われたということは、本当に珍らしい例ですね」

蛇足ながら申し添えると、O氏の場合、その大家が現われずとも他の何かの理由で、その時O氏は失敗していたでしょうし、映画の男も、その手相の名人に人を殺すと教えられて昂奮するようなことが起こらなくても、必ず三日以内に人を殺すことになっていたでしょう。

自分の宿命因縁をそのままにしておいて、運命学などを妙にいじくり廻すと、こういう危険なことになりかねないのです。

お聞きすると、O氏は、夫人が亡くなって以来、毎朝仏前で般若心経と観音経を上げておられた由で、いま、観音慈恵会に縁が生じて、来年の挫折因縁の現われを未然に防ぐことが出来るようになったのも、その功徳のおかげでございましょう、と、O氏は感慨ぶかげに語られたのでした。

え？　姓名学の方はどうかと云うのですか？

名前のない人は、運命がないと、いうわけですか？

私は、しばしば生れて間もなくまだ名前のつけてない人の宿命因縁を透視しておりますが、いまだかつて外れたことがありません。それが私のお答えですよ。

仏とは「放解《ほと》け」

仏という言葉について少しお話ししておきたいと思います。

世間では、よく、仏とは死んだ人のことを云うものと考えている人が多いようです。

しかし、これは勿論大きな間違いであります。

仏教では、しばしば、色々な意味をこめて、仏という言葉を用いるのでありまして、その一つは、この世界に現われる色々な力を具象化して、これを仏という言葉で表現します。それから、もう一つは、原理篇で説明したごとく、人間生命の一つの進化した状態をさして云います。

仏とは、元来、「放解《ほと》け」るという意味で、つまり、一つの束縛からホドケ解放された状態を云うのであります。即ち、人間生命として存在しているからには人間生命として存在するための種々の条件によって支えられねばならぬ、ということは、それらの条件から離れることが出来ないということです。それらの因果関係から超脱することが出来ないということで、仏教的に云えば、それらの因縁に縛られているということです。仏とは、それらの因果関係から一切ときほどかれた境界に入ることで、それ故に、ホトケという言葉で表現されます。つまり色々な因縁からほどかれた良い安定した生命を云うのです。

死んだ人のことをホトケと云うのは、死という現象によって、それまでの生きていた時のような人間としての色々な条件から解き放されたように見えるので、本来の意味から転じて死者をもホトケと云うようになったのであって、決して本来の言葉ではないのです。

ですから、世間でよく云うように、仏とは死者のことで、仏教とは死者の教えだから陰気でいやだなどというのは、笑うべき間違いであります。そういうわけで、お経というものも、決して死人に読んで聞かせるためにあるのではなくて、生きている我々がこれを読んでホトケになる真理が書かれてあるのです。死人に読んで聞かせるのは、原理篇にある通り、我々の生命というものは死によってなくなるものではなく、死はただ休息の状態に過ぎないものですから、休息している生命に対して、この真理を読んで聞かせてあげるわけなのです。

三身の仏

力の現われとしての仏という方の考え方では、「本仏、迹仏《しゃくぶつ》」或いは「三身仏」というように分類して考えます。

我々の生命を考えてみるとき、我々は一つの大きな法則によって生かされている。我々の生きている世界は、一定の秩序と調和によって成り立っているものでこの秩序と調和の一定の流れを法則と云うのですが、これは何人といえども否定の出来ない事実です。この法則によって成り立っている世界を、法界《ほっかい》と呼び、この法界を成り立たせているところの力を「法身仏」と云います。もちろん、この場合に於ける仏という言葉は、一つの力を指して云っているわけです。

次に、法則があってこの法則によって万物が成立してゆくものであるならば、この法則をすべてのものに伝えて順応させようとする力がなくてはならない。この力を「報身仏」と云います。そして、この報身仏という力が、一つの身体を応現《そなえ》て現われた時、これを「応身仏」と云うのです。

ですから、法身仏、報身仏と呼ばれるものは、力としての存在ですから、我々の目に触れるものではない。我々がこの力に接するのは、応身仏を通じてであります。

本仏という言葉は、この法身報身の力を一体と見たもので、根本の仏（力）という意味です。

科学的に云えば、宇宙の実在はエネルギーかも知れないが、そのエネルギーがどうして存在するのか、そのエネルギーがどうして一定の法則によって現われ消え、また進化の現象を現わすのか、これはまだ科学も分らないが、とにかくそうさせている何かがある。何かの力があってそういう働きをしている。誰でも少しものを深く考えてみるならば、そういうものが根本に必ずなければならぬと思わざるを得ない。

昔から種々の宗教、或いは色々の学説というものが、みなそこに帰着している。我々は本仏とか法身仏という言葉で表現するが、孔子は、それを「天」だと云い、キリストによれば「神」だと云う。ギリシャの哲学者に云わせれば「本体」だと云い、近世の哲学者は「アブソリュート」即ち絶対だと云い「究竟の理」だと云い「一大理性」だと云う。スペンサーなどは、それは「アンノエーブル」即ち知るべからざるものである。何かは知らぬが何か根本にあるのだと云っております。科学では本体論には入りませんから唯この現象の世界のことだけを究めたところから推測して、その根本に於て必ず何かの実在がなければならぬと考えて、これをエネルギーであると云っております。

これはどういう言葉を使ってもよい、深く考えてゆけば必ず何か一つのものの実在をつかみます。人はその立つ立場から色々云いますけれども、要するに根本は一つのものであって、一つの実体を、あっちからとこっちからと眺めて説を立てている。根本は一つのものです。我々はこれを本仏と呼ぶ。

三身仏はこの本仏の働きを更に細かく見たもので、法身仏は法則そのものの働き、報身仏はその法則の力を認識させてこの力に順応させ、すべてのものを生成発展させてゆこうとする力の現われ、ということです。すべてのものが生じてその存在を保って存在するのは法身仏の働きですが、生命がそれらの法則と調和して進化してゆくのは報身仏の働きによるものです。

アバローキテーシュヴァラ

仏教では、この報身仏という力をアバローキテーシュヴァラという名で表わします。サンスクリット語で、アバローキタという言葉と、イーシュヴァラという言葉が結合して出来たもので、イーシュヴァラとは自由自在という意を持ち、空間波動《エーテル》の自由自在随意に変化して体を現わす働きの形容です。アバローキタは意志を表わし、観ずる、感ずる、応現するという意味ですが、この言葉は、単独におのずから作動する意味を持たず、他からの働きかけに応ずる意味を現わしておりますから、即ち何かに感じて自由自在に応現するという意味になります。

宇宙の空間というものが、エネルギーに満ち満ちているものであることは前にも説明いたしましたが、アバローキテーシュヴァラも、そういうエネルギーの一つなのであります。

この世の中に於けるすべてのものは、空間の波動であって、空間が何かの原因で波動を起こし「電子」という、物質の一番もとになるエネルギーとなって現われた、電子が数個集まって原子となり物質を構成するというのですが、アバローキテーシュヴァラもまたそれと同じように、空間に実在する空間波動であって、これが或る種の働《エネルギー》きに感応して一つのエネルギーになって現われて作用を起こすと考えられるのであります。

このアバローキテーシュヴァラを、日本語の経文に訳して、観世音菩薩、あるいは観自在菩薩と云っておりますが、これは、いま申したとおり、世の中に沢山ある絵像や木像のような、ああいう観音さまという姿をした方がこの世の中のどこかにおられて、我々の祈りの声を聞いて力を出して助けて下さるというのではなく、観世音菩薩とは、空間実在《エーテル》として存在するエネルギーであります。

このエネルギーは、我々の祈りという精神波動《エネルギー》によって振動を起こし、エネルギーとなって我々に一つの作用を起こすのであります。

それは、物理的に云うならば、化学的なエネルギーであります。例えば、ここに一かたまりの石炭があるとします。この石炭の中には熱となって現われることの出来る多量のエネルギーが潜在しておるのですが、そのエネルギーは、はじめ火によって或る温度まで熱して燃焼状態にしてやらない限り発動致しません。然し、或る温度まで熱すれば必ず熱エネルギーを発動しはじめます。これは、この石炭の中には多量のエネルギーが存在していて、それがいわば「眠った状態」にあるのだと考えられます。ガソリンもダイナマイトも同じことであります。

観音エネルギーも、そのままであれば、それは静止した空間的存在でありますけれども、我々の心からの呼びかけという精神波動の働きかけにより、エネルギー化して発現いたします。

ですから、観音エネルギーは一定の固定したものとして存在するのではなく、力《エネルギー》としての存在ですから、イーシュヴァラと名づけたその名の示す通り、自由自在いかなる形にもなって現われて、その作用を働かせることが出来るのです。

要するに、こちらがわの働きかけ次第、仏教的に云うならば、こちらがわの縁次第、どのような形にでも変化して現われる、こちらの縁次第、心次第です。こちらが高い心を以て呼びかければ、観音エネルギーも高い縁（力）となって現われるし、低い心をもって呼びかければ、低い形をもって現われて力を現わす。

その力の現われを応身仏と云うのでありまして、だから応身仏はこちらがわの縁次第ですから低い縁高い縁、種々様々に現われます。

印度に現われた釈迦は、応身仏として現われた観音エネルギーの一つなのであります。釈迦という仏身を以て救われるべき人々が当時の印度におったので、観音という報身の力が仏身を現わして舎利弗、目犍《ほっ》連等の印度数万の大衆に真理を説かれて救われたのです。

これを、観音経には、

「仏身を以て得度すべきものには仏身を以て現われ」

と説いております。これは、印度の大衆が「仏身」を必要とする高さを持っていて縁を求めたので、仏身の高さが現われたのです。

観音経には、このほか、三十三種類の形相を現わして人間を救う力を発すると説いておりますが、この三十三身の中には、この世界のあらゆる人間、神、菩薩を含んで云っておるのであって、ですから、この世の中に現われて祭られている神々や仏、菩薩というものは、すべて、観音エネルギーが、それぞれの縁の求めによって変化して現われているところのものなのです。

例えば、大黒天とか、お稲荷さんとかいう財福の神として祭られている力、あれもまた観音三十三身の中の一つです。それが、金をもうけたい、金持になりたいと一心に祈るこちらの求めによって、観音エネルギーが結縁して、そういう財福の神という力に結ばれていっているわけです。梵天、帝釈天、稲荷その他すべて観音の力が求める側の縁に応じて現われたものであって、その本体は観音と呼ぶエネルギーなのです。

或る高名な詩人の歌に、

あな尊《たう》と応身の一つ観世音

ベツレヘムには生れ給える

とありますが、こう見てくれば、ベツレヘムに生れたキリストもまた観音の応身の一つであり、日蓮も法然も親鸞もまた観音の応身の一つであります。その時代この時代、この人その人の求める縁に応じて現われた観音の力の現われなのであります。

観音さんとお稲荷さん

或る集会で、私はこういう質問を受けたことがあります。

「私は五年ほど以前にお稲荷さんをお祭りして信心しましたら、たいへんアラタカな御利益があって、商売も可成りうまくいったのですが、一、二年前からどうも何かにつけて順調でなくなってきたので、こんど知人から観音慈恵会の御信仰をすすめられたのを縁に、入信しようと思って参りました。よくお教えも分ったので観音さまを御信仰しようと思いますが、もしやお稲荷さまの罰が当ったら大変だと思うのです。この点はどういうものでしょうか？」

「それは――」

と私は答えました。

「お稲荷さんもまた観音という大本の力の現われの一つであるということが分らぬから、そういう心配をするのです。

貴方が五年前に、信仰の縁を求めた時、本当の大本の力、人を幸福にする根本実在の力を求める気持で信仰の対象を探したなら、貴方は観音という大本の力に触れてこれをつかむことが出来たのですが、恐らくその時の貴方は、ただ単に、お金儲けをしたい、商売が繁昌するように、という気持が先立って信仰の対象を求めたのでしょう。そこで観音は、貴方の縁の高さに応じて、先ず、金儲け、商売繁昌の力の現われ、稲荷という形で現われたのです。貴方がそう望んだから、その力で現われて貴方を導くことになったのです。

けれども人間の幸福というものは、決して金儲け、商売繁昌というものだけで得られるものではない。もっともっと本質的なものがある。

だから観音は貴方の求めによって一旦稲荷として貴方と縁を結んだが、それだけでは人間は幸福になれぬものだと教え導いて、貴方をしてもっと高い力を望むようにし向けて下さった。

例えば、お稲荷さんを信仰しているから、商売繁昌してお金が儲かる。けれども、その内に必ず金では解決出来ない悩みが生じてきます。それは病気として現われるか、家庭内の不和という形で現われるか、色々でしょうが、これが観音さんの働きで、貴方は、なるほど、世の中というものは金だけでは解決出来ないことがあるのだと悟らされる。そして今度はお稲荷さん以上の高い力を求めて信仰しようと考える。それだけ進歩進化したわけで、これが観音の現われの一つ、お稲荷さんの働きです。

こういうようにして、貴方はいま縁が高められて、ようやく観音という大本の力に触れて来られたのです。いわば、お稲荷さんは支店、観音が本店です。今までの貴方は支店としか契約する力がなかった低いものだったが、今度ようやく今までの働きで本店と直接契約して大きな取引きをすることが出来るようになったのです。支店長のお稲荷さんもさぞ満足で、今までの助け甲斐があったと喜んでおられるでしょう」

そう私は答えたのですが、これは、もちろんお稲荷さんだけではなく、すべての神、仏というものは、みな、観音の力の現われでありますから、これと同様のことが云えるのであります。

精神界の文明人たれ

文明人と未開人とのちがいは、自然界のエネルギーを自分たちの意志と知能とによって支配したり利用したりする能力がどれだけあるかということで決まるのだ、という意味の言葉を或る物理学者が云われましたが、まことに至言であると思います。

自然界には、太陽の光と熱、風、水流、音など、いろいろなエネルギーがほとんど無限にありますけれども、未開人はそれらを積極的に開発利用しようとはせず、与えられるままに、ただその僅かな部分を利用し得るに過ぎません。

太陽の光と熱も、ただ驚き拝まれる自然の威力でしかありません。電気エネルギーに至っては、その利用なぞは思いも及ばず、ただ電光と雷鳴の恐ろしさにおびえていただけでありました。

文明の進んだ社会では、これらの自然のエネルギーが最大限度に利用されています。これは、物質科学の発達によるものであって科学技術の働きによって、今や自然界のエネルギーはすべてクマなく利用されておるように見えます。

けれども、ここで考えなければならぬことは、もっと本質的な、人間の生命エネルギーに根本的な力を与える最も大切なエネルギーが、ともすると忘れられ勝ちであるということです。この根本的なエネルギーとは、云うまでもない観音エネルギーのことであります。観音エネルギーという人間生命を活かし生長させる力を、利用することを知らぬ人は、これを精神界の未開人と云うことが出来ましょう。

我々は、我々の周囲にあまねく存在しているこのエネルギーを最高度に利用活用して、生命力の拡大をはかるべきであります。

三密加持

エネルギーには、様々な姿（在りかた）がありまして、これを利用するのには、その姿を目的に合うように変えることが必要であります。

例えば、水力（水のエネルギー）を利用するのには、水車、タービンなどを使ってこれを機械の運動エネルギーに変え、熱は蒸気機関その他の熱機関により汽車や船の運動エネルギーに変える。また電気エネルギーを利用するにはモーターの働きにより機械や交通機関の運動エネルギーに変えたり、電球によって光のエネルギーに変えたりする。すべて、その目的に合うように変えて、これを受けるわけです。

ラジオやテレビの電波は、空間至るところに飛び交って存在しておりますが、このエネルギーを受け取って、これをテレビの画面なり、ラジオの音楽なり、本来のものにするのには、ラジオなりテレビなりの受信機というものがなければならない。

観音のエネルギーも霊波として空間至るところに存在しておりますが、これを受信するのには、やはり一つの態勢が要る。

この態勢をととのえることを、仏教では三密加持と云うのです。

三密とは、身《からだ》、口《くち》、意《こころ》、の三つを云うもので、この三つをととのえて、観音のエネルギーを受信するわけです。

身《しん》密とは、手に観音の印形《いんぎょう》を結び、観音の形をとることです。

口《く》密とは、口に観音の真言陀羅尼《しんごんだらに》を唱うることです。陀羅尼とは呪とも云い、呪文です。

意《い》密とは、心に観音の力を観じ、虚心に観音のエネルギーを受け入れようとするのです。

加持とは、このようにして観音の力が我々の上に加わるを加と云い、我々が観音の力を受持することを持と云うので、これを三密加持と云うのです。

つまり、三密をととのえることによって、我々の身体は観音のエネルギーを受信する受信機となるわけです。

観音慈恵会で、会員にお教えする観音の印《いん》という合掌の仕方が、つまり、この三密の中の印形《いんぎょう》で、いわば、ラジオやテレビのアンテナに当るものと考えれば宜しいでしょう。次にお教えする観音の御真言という呪文が、即ち三密の中の口密に当るものです。

この御真言の言葉を、どういう意味かと聞かれる方がよくありますが、これは、文句としては意味のないもので、この御真言を声に出して唱えることによって一つの力を現わすのです。この文言が音声というエネルギーになって、観音の空間波動を呼び起こすのです。ですから御真言は、心の中で黙って読んでいたり、口の中で小さな声でモゴモゴ云っていたりするのでは力を発しません。

御真言は、音楽で云えば楽譜に書かれた音符です。書かれている音符の一つ一つにはなんの意味もありませんし、力もありません。これが音というエネルギーに変って初めて人を感動させる働きを現わします。ですから、御真言は出来るだけ高らかに朗々と声に上せて頂きます。

このようにして三密がととのって、観音のエネルギーが我々に感応導入されてくると、ついには我々自体が観音の力そのものになりきってしまう。これを、三三平等、或いは、入我我入と云います。

昔、新義真言宗の開祖、興教大師が高野山で修行中、その優れているのをねたんだ悪僧どもが、その説に反対して、多数徒党を組み、大師を殺そうとしてその堂に押しかけたところ、大師は逃げる暇がなく、止むを得ず、本尊不動明王の前で三密加持の入定をされた。即ち、不動明王の印を結び、不動明王の真言をとなえて、不動明王そのものになりきると観念されたわけです。すると、入我我入で、興教大師と不動明王が一体となってしまって、悪僧共が堂内に乱入したところ、御本尊の不動明王が二体並んでいてどうしても見分けがつかなかったという話があります。

我々も、朝に晩に三密加持して観音我れに入り我れ観音に入るという入我我入の域に至らねばなりません。それでこそ初めて観音のエネルギーを一身に具えることが出来るのです。

徳を積むということ

ここでくれぐれも心に留めておかなければならぬことは、三密加持して受けた観音のエネルギーを、どう使うかということです。

観音のエネルギーというものは、元来、自分の悪い宿命因縁を転換するために、徳を積むことが出来るようにと与えられるものであります。観音エネルギーを受けて強くなった生命力を利用して、人をうち負かして金持になったり、人を傷つけ押しのけていい地位に就いたりするために与えられるものではないのです。

先日、或る人の持っておられた天理教の教えの本を一寸拝見したところ、その教えの本の一番初めにこういうことが書いてありました。

「楽《らく》をしたけりゃ苦労をおしよ。苦労するほど楽《らく》になる」

なるほどと私は感心したのでありますが、この教えの中の苦労という言葉に少し疑問があります。

この苦労という言葉は、要するに、悪い因縁を転換するために積む功徳の努力を指して云っておるものと考えます。楽をしたけりゃというのは、良い因縁ばかりの良い宿命になりたければということで、そのために苦労をせよとは、背負っている悪い因縁を転換するために良い徳を積む努力をせよということでしょう。

苦労して良いことをし、徳を積めばたしかに悪い因縁が転換し、良い宿命となって楽をすることが出来るようになるのは間違いないことです。

けれども、いくら苦労しても徳を積むどころではない悪い因縁を持った人が沢山あるのが世の中です。悪いことをしないのが精一杯どころか、悪いことをしなければ生きてゆけないという因縁の人が多いでしょう。こういう悪い因縁の人、不幸な因縁の人に、大きな強いエネルギーを与えて、徳を積むだけの力を与えて下さるのが観音なのです。

天理王の命《みこと》は、苦労をして徳を積めと仰有るが、観音は、苦しまずとも徳を積むことが出来るような力を与えて下さるのです。

苦しみながら徳を積んでゆくことは尊いことであり、立派なことです。けれども、それほど苦しまず、楽しく生きつつ徳を積んでゆけたらこの上ないことでありましょう。

人を助けて徳を積むのに、喰うや喰わずで、血の汗を流したり、借金して廻ったりして功徳を積むことは立派であるし、尊いことですが、生命力を強くして、正しい働きで金を儲け、良い生活をしつつ、らくらくと人を助けて功徳を積む方が、より立派であると云えましょう。またそれが本当なのです。一つの徳をなして一つの悪い因縁を転換すればそれだけ良くなるのですから、前より良い生命状態にならなければならぬ筈で、一番最初はなるほど苦労して徳を積んでも、次には必ず前より良くなっているから幾何級数的に良くなってゆくわけです。

次に、こういうことを云う人がいる。

「お話を聞いてよく分りました。では、御利益が見えたらひとつ信仰することに致します」

馬鹿々々しくって話にならぬ。

現在自分が不幸な境界に居るということは、過去に何かよくない因をなしてきているからだ。何かなしたその結果として現在が現われているのに、何もしもせんで、そういう境界をなくするという一つの結果を現わすことがなんで出来るか、ものの道理を全く無視した話じゃないか。

これから商売を始めて儲けようと考えている人が、何か儲かったらその儲けで商売を始めますと云うのと同じことで、まだしもせぬ商売でなんで儲けることが出来るか。

徳を積むということは、人を助ける、人のためになるということです。功徳を人に施すことです。

生れてから今まで人の世話になりっぱなし、厄介になりっぱなしで、一度だって人のためになったり、人を助けたりしたことなく、いわば人から功徳を受けっぱなしのような人間が、なんでそのままの状態で、悪い因縁の転換が出来るものか。

先ず徳を積むことです。

ところが、人間は、功徳と云うと、金がなくて施せないとか、物がなくては施せないから人が儲けさせてくれたら施しもします、功徳も積みます、だから先ず儲けさせて下さい、と云って、先ず、御利益お蔭を先に望む人が多い。これを、商売にたとえて考えてみましょう。

商売となると、商品を仕入れて店に出さねば商売にならぬから、借金してでも先に商品を買入れて店に並べる。そうするとそれに買手がついて初めて儲けというものがふところに入る。それと同じことで、徳を積まなければ儲けという御利益も現われようがない。先に金を作って商品を仕入れ、これが売れたらまた商品を仕入れて店に出す、これを繰り返してゆくうちに次第に大きくなっていって遂には金持になれるのであって、商品も仕入れず、商売もせずに金儲けは出来ない。先ず信仰して徳を積むことによって、悪い因縁が転換される。それで良い状態になるから更に徳を積む、これを繰り返すことによって功徳の金持になれるのです。

ところで、施しと云っても、金や物を施すばかりが施しではなく、法、即ち、人を導く教えを施すのも、法布施と云って大きな功徳となる施しであります。少くとも、先ずこの施しの功徳ぐらいは積めないことはないのです。本当に心の底からそう思って、観音の力を念じてごらんなさい。その位の功徳の積めないことはありません。それが出来ないというのは、施しをすることを、損のように考える心があるからです。施した物、施した力は必ず何倍かになって返ってくるものです。

物を施す者は物に不自由しなくなり、

金を施す者は金に不自由せず、

食を施す者は食に不自由せず、

というように、因果応報、これが万物の真理なのであります。

前の方にも書きましたが、脳溢血の因縁を転換するようにと私が教え導いてあげた笠原トキ子さん、その笠原さんから、今度は私が私自身の胃ガンの因縁を転換する鍵を教えていただいた――。その蔭に観音の微妙な力が働いているとは云え、これが因縁因果の大法であります。

むさぼれば胃腸に障害生じ、

おごり高ぶれば頭部に悪い因縁宿る。

すべてがこの働きです。

正しい法を伝えて人を導けば、一切の悪因を転換する徳を得る、と経文にも説かれてあります。

観音の偉大な力を受持して、我が生命力を強くし、徳を積んでもろもろの悪い因縁を転換することに努めましょう。

初版本　あとがき

観音慈恵会教典第一集が、会員諸氏の御協力により、発刊の運びになった。世相いよいよ暗憺たる形相を呈し、天変地異の予言が各地でなされている時、万民を救う正法宣布の現在ほど切実なる時はない。この秋、みんなの力で出来上り、みんなの力で世に弘まるというところに大きな意義があるのである。

世はさらにさらにわれわれの菩薩行を求めて止まない。教典はこの菩薩行の拠りどころである。座右宝として、精進の原動力となそうではないか、上求菩提、下化衆生の菩薩行こそ、自分を救う唯一の道である。

●桐山靖雄（きりやま・せいゆう）

阿含宗管長、中国・国立北京大学名誉教授、中国・国立中山大学名誉教授、中国・国立佛学院（仏教大学）名誉教授、サンフランシスコ大学理事、モンゴル国立大学学術名誉教授・名誉哲学博士、タイ王国・国立タマサート大学ジャーナリズム・マスコミュニケーション学名誉博士、ロンドン大学名誉フェローシップ、チベット仏教ニンマ派仏教大学名誉学長・客員教授、スリランカ仏教シャム派名誉大僧正、ミャンマー仏教界最高の僧位・法号を授受、中国国際気功研究中心会長（北京）、ダッチ・トゥリートクラブ名誉会員（ニューヨーク）、日本棋院名誉九段、中国棋院名誉副主席。

主たる著書『密教・超能力の秘密』『密教・超能力のカリキュラム』『密教占星術Ⅰ・Ⅱ』『説法六十心1・2』『チャンネルをまわせ』『密教誕生』『人間改造の原理と方法』『阿含密教いま』『守護霊を持て』『続守護霊を持て』『龍神が翔ぶ』『霊障を解く』『一九九九年カルマと霊障からの脱出』『輪廻する葦』『間脳思考』『心のしおり』『愛のために智恵を智恵のために愛を』『末世成仏本尊経講義』『守護霊の系譜』『一九九九年地球壊滅』『守護仏の奇蹟』『求聞持聡明法秘伝』『さあ、やるぞかならず勝つ①・②・③・④』『仏陀の法』『守護霊が持てる冥徳供養』『密教占星術入門』『人は輪廻転生するか』『君は誰れの輪廻転生か』『般若心経瞑想法』『一九九九年七の月が来る』『オウム真理教と阿含宗』『阿含仏教・超能力の秘密』『脳と心の革命瞑想』『阿含仏教・超奇蹟の秘密』『社会科学としての阿含仏教』『「止観」の源流としての阿含仏教』『一九九九年七の月よ、さらば！』『21世紀は智慧の時代』『21st Century: The Age of Sophia』『You Have Been Here Before: Reincarnation』『ニューヨークより世界に向けて発信す』『THE WISDOM OF THE GOMA FIRE CEREMONY』『The Marvel of Spiritual Transformation』『実践般若心経瞑想法』『変身の原理』（以上平河出版社）、『アラディンの魔法のランプ』（阿含宗出版社）、『念力』『超脳思考をめざせ』（徳間書店）、『密教入門―求聞持聡明法の秘密』（角川選書）など。

連絡先

● 阿含宗に関するご質問・お問い合せは左記まで

阿含宗本山・釈迦山大菩提寺　京都市山科区北花山大峰町

関東別院　〒108-8318 東京都港区三田四―一四―一五……TEL(〇三)三七六九―一九三一

関西総本部　〒605-0031 京都市東山区三条通り神宮道上ル……TEL(〇七五)七六一―一一四一

北海道本部　〒004-0053 札幌市厚別区厚別中央三条三丁目……TEL(〇一一)八九二―九八九一

東北本部　〒984-0051 仙台市若林区新寺一―三―一……TEL(〇二二)二九九―五五七一

東海本部　〒460-0011 名古屋市中区大須四―一〇―三二上前津KDビル四階……TEL(〇五二)二五二―五五五〇

北陸本部　〒920-0902 金沢市尾張町二―一一―二二……TEL(〇七六)二二四―二六六六

九州本部　〒812-0041 福岡市博多区吉塚五―六―三五……TEL(〇九二)六一一―六九〇一

大阪道場　〒531-0072 大阪市北区豊崎三―九―七いずみビル一階……TEL(〇六)六三七六―二七二五

メシアの館　〒650-0003 神戸市中央区山本通り一―七―二三……TEL(〇七八)二二一―五一五二

横浜道場　〒231-0012 横浜市中区相生町四―七五JTB・YN馬車道ビル五階・六階……TEL(〇四五)六五〇―二〇五一

沖縄道場　〒900-0031 那覇市若狭一―一〇―九……TEL(〇九八)八六三―八七四三

●インターネットで阿含宗を紹介……阿含宗ホームページ　http://www.agon.org/

『幸福への原理』は、一九五七年に観音慈恵会より刊行され、
一九八一年に阿含宗総本山出版局より復刻版が刊行された。
本書は、阿含宗総本山出版局版を底本とし、
一部、訂正したものです。

幸福への原理

二〇〇三年四月一日　第一版第一刷発行

著　者……桐山靖雄

発行者……森眞智子
発行所……株式会社平河出版社
〒108-0073 東京都港区三田三−四−八
電話〇三(三四五四)四八八五　FAX〇三(五四八四)一六六〇
振替〇〇一一〇−四−一一七三二四
装　幀……島津義晴
印刷所……凸版印刷株式会社
用紙店……中庄株式会社

ISBN4−89203−323−5 C0015